freedom
letters

I0519275

Серия «Лёгкие»

№ 75

Сергей Мостовщиков
Алексей Яблоков

Чертан и Баррикад

Записки русских подземцев

Freedom Letters
Бескомпромисск
2024

freedom letters

Издатель Георгий Урушадзе
Технический директор Владимир Харитонов
Художник Денис Батуев
Корректор Елизавета Мансурова

Сергей Мостовщиков, Алексей Яблоков. Чертан и Баррикад: Записки русских подземцев. Бескомпромисск: Freedom Letters, 2024. — Серия «Лёгкие»

ISBN 978-1-998265-38-1

Книга представляет собой сборник интервью, сказок, песен, а также либретто опер и балетов, пока еще не написанных будущими героями многополярного мира — русскими подземцами. В яркой и доступной форме авторы рассказывают о самых мрачных, противоречивых и непонятных эпизодах истории России. Все приводимые в книге факты вымышлены, а совпадения — случайны, как и положено при формировании традиционных ценностей и создании уверенности в прошлом, настоящем и будущем страны, играющей ключевую роль в жизни человечества.

Необходимое пояснение

Россия, 3024 год. Ничего не известно. Известно, что в силу невыясненных пока причин небольшой отряд московских урбанистов вышел из-под контроля властей и с помощью украденного горнопроходческого щита «Любовь» начал строительство подземных городов. Цель отряда безумцев, называющих себя «подземцами», — основание «в глубинке» новых, тайных и более счастливых населенных пунктов, распространение их влияния на всю страну. Но главное — поиск тайных путей к подлинной, потерянной России, стране свободных людей, возведение венца творения наследников культуры Византии — подземного города Бескомпромисск.

Немыслимый и ненужный урбанистический проект быстро становится революционной идеологией. Ради неосуществимой идеи подземцы отказываются от денег и личности — теперь их зовут именами станций советского метрополитена: Театрал, Преображен, Электрозавод, Текстил, Авиамотор. Через подземные ходы к ним присоединяются тысячи жителей деревень и городов, мимо которых проходят тайные тоннели. Подземцы неуловимы — высланные правительственные войска завалены в ложных ходах, пойманы в хитроумные ловушки.

В ходе одной из повстанческих операций взорван переход в недостроенную подземную станцию «Правовое поле». Там забыты и замурованы два подземца — Чертан и Баррикад. Понимая безвыходность своего положения, они все же не унывают. Напротив — у них есть случайно обнаруженные стратегические запасы сгущенного молока и спирта. Бунтари-урбанисты перед смертью развлекают себя под землей мыслями о новом всеобщем благополучии, а также вспоминают жизнь поверхностной России, населяют ее героями и понятиями далекого полумифического прошлого, сочиняют сказки, небылицы и пьесы для невидимых зрителей, берут интервью друг у друга и воображаемых собеседников.

Предлагаемая вашему вниманию книга представляет собой коллекцию записей Чертана и Баррикада, которая была случайно обнаружена строителями Первого Перпендикуляра Московского метрополитена. Составителям удалось получить их с известной долей риска, поскольку приводимые ниже тексты по понятным причинам еще не написаны, а результаты воздействия их на умы сограждан и общественно-политическую обстановку в России предстоит испытать только столетия спустя. Тем не менее авторы сборника надеются на лучшее и призывают к тому же читателей этих страниц.

9 декабря

ТРИ ПУТИ

...Нет никаких сомнений, что именно сейчас, оказавшись под землей, отказавшись от поверхностного понимания сути мировых исторических процессов, Россия входит наконец в эпоху глобального лидерства и человеческого благоденствия. Стране необходим настоящий прорыв, который поможет продемонстрировать всему миру уникальное предназначение

6

ее народа. Обсудим же пути развития новой России и планы по ее обустройству.

— Баррикад, у современной России много перспектив, так ведь? Несмотря на действия врагов, наша страна намерена играть ключевую роль в создании нового, справедливого миропорядка. Для этого у нас есть теперь все преимущества. Ведь, как говорится, сила в правде. В чем эта правда состоит?

— Правда состоит в том, что только Россия способна предложить сегодня миру принципиально новые стратегии развития цивилизации. Таких стратегий уже множество, но все они строятся на единственном фундаментальном принципе — активном участии в граждан в своем будущем прямо сейчас. То есть речь фактически идет об образе так называемого народного фандрайзинга — системе ценностей, которые позволяют россиянам сообща сдавать деньги на осуществление национальных проектов. О трех из них я сейчас расскажу.

Первый такой проект, наш Первый Путь, основан на концепции новой русской невинности. Речь идет о создании института русских весталок — государственных девственниц, исповедующих чистоту и любовь к Матушке-России. Матушка-Россия — это собирательный образ, новая священная сущность, одобренная всеми институтами власти и населением в ходе голосования на сайте «Госуслуги». Весталки служат Матушке-России своей невинностью, обращаются к ней, получают от нее знаки, предвидения и конкретные указания. Общение весталок с Матушкой-Россией воплощается в различных видах искусств и оформляется законодательными и административными актами. Весталки имеют высочайший государственный статус, по уровню влиятельности они выше, чем губернаторы. При этом институт весталок — самостоятельная структура, источник высшего нравственного закона новой России, говорящей с миром на языке красоты, скромности и воздержания.

— Можно ли в нескольких словах описать устройство этого института? Откуда берутся весталки, сколько их и т. д.

— Я думаю, России будет достаточно 13 весталок в год — «чертова дюжина». Отцы отдают своих дочерей в служение невинности России где-то с 13 лет. Нецелованные красавицы, девственницы, отбираются всенародным голосованием на сайте «Госуслуги». Когда «чертова дюжина» сформирована, весталки селятся в специальном подземном помещении, в дортуарах. Там они плачут, радуются, вопиют, там же формулируют государственные решения. Указания весталок превыше любого закона. Именно поэтому Государственную Думу можно будет просто упразднить — она станет не нужна.

В то же время наше население передает государству личные средства на обеспечение и поддержание чистоты и невинности государства. Фактически это налог на чистоту и невинность России (НЧР) с прогрессивной, естественно, шкалой.

Когда весталка достигает 25 лет и становится уже не такой молодой и красивой, ее умерщвляют и торжественно хоронят. Похороны весталки — мероприятие всероссийского масштаба, сопоставимое с Парадом Победы. И на него тоже сдаются деньги. Ведь это грандиозное нравственное шествие: каждый раз мы как бы провожаем нашу чистоту. Однако на место умерщвленной весталки приходит новая, и все начинается сначала.

— Звучит неплохо. Какова же вторая концепция прорыва России в будущее? Она тоже требует народных денег?

— Любой прорыв в будущее требует от народа денег прямо сейчас. Это безусловно. Но важны условия, на которых эти деньги передаются государству. И здесь мы должны вспомнить о теории вселенского одиночества России. Вспомним ее главный постулат: на планете Земля Россия ни с кем не уживается. Она не может быть с Западом, у нее не получается и с Востоком. Да и вообще — на Земле у России ничего не получается. Так зачем принимать за слабость то, что, по сути, и есть наша подлинная сила? Поэтому Вторая Стратегия, наш Второй Путь — это путь к вершинам цивилизационного развития через стремление вниз, под землю. России суждено процветание только во внеземном, безвоздушном мире, в пространстве русского подземного космоса.

— Вы имеете в виду развитие вниз?
— Совершенно верно. Это стратегия вертикального развития вниз. Нам надо осознать и признать, что все наши звезды, все вселенные нашей мечты всегда исторически находятся у нас же под ногами. Чтобы оказаться среди них, нужно, в сущности, просто назначить точное время и дату отправки населения под землю. Эти дата и время не оглашаются, чтобы не догадались враги и партнеры, но всем понятно, что они будут своевременно объявлены. До этого исторического момента население сдает деньги на подземные ракеты. Причем на сайте «Госуслуги» регулярно проводится опрос — на какую именно глубину всем нам предстоит отправиться. Ракетам присваиваются имена носителей подлинных культурных ценностей. Иными словами, деятельный отказ от жизни в существующем мире сразу же создает существо нового мира и закладывает основы деятельности в нем. Это дает нации колоссальное преимущество уже сегодня, ведь завтра ее может здесь не быть.

9

— Допустим, завтра наступило. Что останется на месте современной России?

— Это важный момент. После России останется свалка. Грандиозный полигон с экологически вредными отходами класса «ХЗ» (харизматические запасы). Чтобы наши так называемые партнеры поняли, как плохо им без нас живется. Поиск и формирование ХЗ, кстати сказать, — отдельная стратегическая задача, способная на долгие годы сплотить нацию в ожидании цели своего цивилизационного развития, которая, как мы обсудили, уже достигнута после определения точной даты отправки населения под землю.

— Хотелось бы прояснить еще вот какой момент. Мы уже поняли, как именно Россия становится на новый нравственный и, так сказать, особый географический путь. Всего Путей, получается, два. Есть ли третий?

— Разумеется, Чертан. Третий наш Путь — как всегда, сугубо духовный. И здесь мы должны поднять вопрос о необходимости Перекрещения Руси. Теперь очевидно, что необходимо крестить Русь заново. Мы должны исходить из того, что предыдущее Крещение состоялось очень давно, согласно летописям, в 988 году, причем происходило оно в неблагоприятных политических условиях, в иной геополитической ситуации. С тех пор в наше духовное развитие вмешивалось довольно много посторонних: евреи, татары, украинцы, Instagram... Не будем забывать и знаменитый церковный раскол XVII века. Все это сильно исказило картину русского духовного мира. Поэтому сегодня России жизненно необходимо Перекрещение Руси.

— В какую веру, если не секрет?

— В русскую. Во что, по сути, всегда верят русские люди? В высшие силы в рамках подземного правового поля. В торжество добра и справедливости после смерти. Вот эта вера и должна быть заново принята народом и освящена водами подземного мирового океана. Перекрещение Руси не просто даст нам силы на освоение подземной вселенной, но и уничтожит всех наших существующих и потенциальных врагов. Они попросту сгорят в огне, который так и будет называться — Перекрестный Огонь. Впрочем, конкретное название можно будет обсудить на сайте «Госуслуги». Как-то так. Слава России. Пусть земля нам будет пухом!

18 декабря

— Оказывается, американцы путают Австралию с Австрией, сложно иметь с ними дело. А в чем сложность? Мы же в России, они в Америке. Вот женщины, например: путают лево и право. Но это делает их проще и привлекательнее.

— Мы не можем как американцы. Нам надо путать более сложные вещи: синус и косинус. Амбивалентность и анорексию. Гордость и предубеждение. Любовь с голубями. Тогда есть шанс стать мировой державой.

2 февраля

ТАМ, ТАТАМ, ТАТАТАМ

...Итак, о защите национального достоинства. Одной из действенных мер организации такой защиты должна стать разработка нового русского внешнего языка. На нем обязаны будут общаться все российские чиновники и туристы, оказавшиеся вдали от Родины. Предлагаемый здесь словарь позволяет не просто свободно общаться на любые темы во вражеском окружении, но и беречь внутренний русский язык, культуру России и другие ее ценности от вмешательства извне.

ВРЕМЕНА ГОДА
Дрыга
Встаха
Тепель
Упаль

ДНИ НЕДЕЛИ
Евстаха
Куроп
Никидрот
Татень
Замота
Блемутница
Бурмога

ЧИСЛИТЕЛЬНЫЕ
1 — там
2 — татам
3 — тататам и т. д.
10 — тум
11 — тутум
12 — тутутум и т. д.
20 — дам
21 — дадам
22 — дададам и т. д.
30 — дум
31 — дудум
32 — дудудум и т. д.
100 — бим
1 000 — бам
1 000 000 — бом

ТЕХНОЛОГИИ / ОРУДИЯ ТРУДА
Горобан
Коловлас
Скривень
Шнипесть
Спастерь
Мосяк
Какашобик

ФИНАНСЫ
Абуар
Дымент
Марапендул
Высьпа

РОД ЗАНЯТИЙ
Бобырина
Важок
Встарорять
Нахтырсь

ДОСУГ
Кругорядь
Еловатка
Голябь
Хулесь
Дрыпа
Щебло

ЕДА
Смыль
Бухозина
Горобинка

БОЛЕЗНИ
Безгемон

Пупун
Жопесть
Суцень
Чеспетюха
Фломециоз

ОТНОШЕНИЯ
Ляжма
Драшва

ИСКУССТВО
Пидролизм
Манипуризм
Делипутия
Гирокапителия
Пипизм
Гогоцентризм

НАУКА
Ба
Гба
Уба
Муба
Хуба

25 февраля

— Был случай, когда 24 тысячи жителей Флориды договорились обстрелять ураган «Ирма» из огнестрель-
ного оружия. Однако полиция штата попросила
не стрелять по урагану. Почему, интересно, нашим
людям не приходит в голову стрелять по радуге? По
туману? По рассвету?

— Наши люди бьют словом. «Радуга, твою мать». «Туман, епт». «Рассвет, мля». И действует не хуже пули.

5 марта

ДОБРОЕ СЕРДЦЕ
Историческая опера. Либретто

20-е годы XXI века. В приемную костромского депутата «Единой России» Вадима Сусанина приходят три девушки. Они представляются дочерьми президента Путина. Девушки открывают депутату тайну его рождения: он тоже сын президента, их родной брат. Но их общий отец, Добрый Путин, заточен в огромном чемодане Louis Vuitton на Николиной Горе. Там его держат пресс-секретарь Дмитрий Песков и его жена Татьяна Навка. У власти в настоящее время находится двойник Доброго Путина, Злой Путин. Сестры упрашивают брата вызволить отца.

После долгих колебаний костромской депутат едет в Москву. Столица встречает его хором телевизоров. Телевизоры убеждают героя вернуться обратно в Кострому: Путин — хороший, а все плохое, что о нем говорят — ложь и провокация. Однако депутат не поддается телевизорам и идет на большую пресс-конференцию Путина. Там он встречается с президентом глазами. Доброе сердце Сусанина видит в них пустоту.

Исполненный решимости, герой отправляется на Николину Гору. Попасть к заветному чемодану нелегко. В схватку с депутатом вступают пляшущие с саблями чеченцы. Но доброе сердце депутата побеждает. Одолев темные силы, депутат добирается до чемодана Louis Vuitton. Здесь выясняется Магия Правды: в чемодане заключен не просто хороший Путин — там постоянно хранится единственное Доброе Сердце России, основа ее силы и власти над миром. Чтобы спасти отца, Сусанин сам забирается в чемодан. Добрый Путин выходит на свободу, убивает Злого и сам становится Злым — ведь Доброе Сердце России хранится в чемодане на Николиной горе.

В эпилоге все герои выходят на авансцену и поют.

15 марта

— Что такое «нулевая толерантность»? Это типа сингулярности?

— Нулевая толерантность подробно описана в пословицах и поговорках. «Ссы в глаза — божья роса». «Ни грамма ваша телеграмма». «Хата с краю». Другой толерантности у нас нет.

— Я и говорю: сингулярность.

— Это вопрос герменевтики, а не парадигмы.

30 марта

ШАРАДО (Шар Радости)
Проект российской национальной игры

Уже в недалеком будущем граждане России как никогда будут нуждаться в ярких мероприятиях, укрепляющих национальный дух, ведущих ко всеобщему сплачиванию, делающих народ нашей будущей страны сильным игроком, способным на равных вести диалог с так называемыми партнерами. Очевидно, что футбол перестанет быть таким мероприятием. Этот в целом бесполезный вид спорта стремительно утратит свою популярность. На смену ему придет адекватная, увлекательная, сбалансированная замена: «Шар радости», или «Шарадо» — национальная командная игра, отвечающая современным социально-политическим вызовам.

1. В игре принимает участие единая команда шароносцев из 11 человек. Российская сборная формируется из шароносцев региональных команд — их назначают губернаторы. Затем списки игроков представляются президенту России, который утверждает каждую кандидатуру.

2. Ранним утром команда выходит в правовое поле, где располагается в рамках действующего законодательства. Под гимн России выносят Шар Радости. Игроки начинают передавать его друг другу. Цель игры — испытать радость. Для этого каждый из шароносцев приводит свои аргументы: что хорошего произошло за истекший период, каковы стоящие перед обществом задачи, отчего так радостно на душе? Игра продолжается до тех пор, пока на поле не утверждается всеобщая радость.

3. Игра проходит при активном участии населения РФ. Зрители, приглашенные в студию, наблюдают за Шарадо и обсуждают увиденное вместе с ведущими и экспертами. Граждане имеют право ставить под сомнение аргументы шароносцев, делиться собственными переживаниями, а также присваивать шароносцам так называемые «карточки радости» — белую, синюю или красную, в зависимости от степени радости, которую игрок приносит аудитории. Шароносец, собравший за свою карьеру комплект из трех карточек, получает от правительства автомобиль «Москвич».

4. За соблюдением правил игры следят работники правоохранительных органов. Нарушениями считаются любые факторы, отбирающие радость у игроков и зрителей. В ходе состязаний может произойти утрата доверия к отдельным шароносцам. Возможны

провокации при передаче Шарадо, а также действия в интересах сторонних или иностранных игроков. К нарушениям также относится получение шароносцем личной радости вместо общественной. Нарушение правил «Шарадо» влечет за собой уголовную ответственность, предусмотренную законодательством Российской Федерации.

5. Во время международных чемпионатов по «Шарадо» правила остаются неизменными. Иностранные коллеги вливаются в команду и передают Шар со всеми наравне, прислушиваясь к аргументам российской сборной. Только так им удается испытать настоящую, а не поддельную радость.

1 мая

— Я тут увлекся стихами о России. Хочу написать цикл поэм. Вот очередные робкие наброски:

когда россия как во сне
лежит внутри вокруг и всюду
с врагом тогда борьба во мне
чтоб я прогнал его отсюда

враги вторгаются в тебе
любимые мороз и стужу
но не пропустит никого в себе
россия устремленная наружу.

— Твои стихи надо отправить инопланетянам. Я уже давно вынашиваю проект создания нашего послания космическим жителям, но видишь — ракеты уже не летают, только все время падают.

БЛАТЫНЬ — ЯЗЫК ЧЕТВЕРТОГО РИМА

...Последние месяцы мы активно работаем над созданием нового языка российских элит. Чертан называет эту коммуникационную систему «языком четвертых римлян». Набор выражений пока невелик, но уже способен подчеркнуть особое положение России в мире и обеспечить экономике страны опережающее развитие. Приводим здесь запись нашей с Чертаном беседы на эту важную тему.

— Чертан, зачем ты занимаешься созданием нового языка?

— Прежде чем говорить о новом языке, следует сказать о принципиально новой научной дисциплине, которая постепенно возникает и обязательно утвердится в новой России — государственное языкознание. Это обширная экспериментальная область, в которой ведется наблюдение за всеми коммуникативными системами мира, способными оказать на него влияние. Изучение этих систем — вопрос национальной безопасности нашей страны, критически важный аспект повышения благосостояния населения, элемент престижа России на международной арене.

Государственное языкознание — это прежде всего широкий спектр наблюдений. Возьмем, к примеру, песни китов. О чем они? Насколько полезны или опасны для России? Есть язык птиц. Растений. Они же все о чем-то шепчут, шелестят, передают друг другу информацию. Как вербально, так и вегетативно, например, как клубника — усиками. Или возьмите плакучую иву. Обыватель думает, что она плачет. А почему? Ей что, плохо в России? Государственное языкознание дает ответ на этот вопрос: ива не плачет, она склоняется. Согласитесь, это разные вещи.

Разумеется, в сферу интересов государственного языкознания входят и человеческие языки. Среди них особое внимание — примерно последние тридцать лет — обращает на себя латынь. Исторически и фактически это язык государственных документов, установлений, актов, указаний, проектов, приказов. Это древний, я бы сказал, античный способ выразить свои мысли о стране и ее развитии. Это язык благосостояния и могущества. Язык сильной цивилизации. Некоторые считают, что он мертв. Я же исхожу из того, что именно сейчас настало время возрождения латыни. Не только потому, что прежнюю Россию называли третьим Римом, а мы ведем свою борьбу за создание Четвертого, подземного Рима. Главное тут то, что многие события, свидетелями которых мы становимся каждый день, уже не могут быть в полной мере описаны прежним, устаревшим русским языком — языком крепостного рабства, нужды, лучины и крестьянской лошадки. Следует признать: для новой реальности, для решения задач, стоящих перед развивающейся и процветающей Россией, русский язык в своем прежнем объеме больше не подходит. Что он способен передать? Какие слова описывают наш кругозор? Горе. Топор. Радуга. Вот и все. Этого недостаточно, если мы масштабно смотрим в будущее и заботимся о населении. Изменить положение дел поможет только латынь.

— То есть ты говоришь о необходимости вспомнить и выучить латынь, а потом и заговорить на ней? В этом выход для России?

— Ни в коем случае! Надо помнить, что классическая, высокая латынь была языком римского нобилитета, средством самовыражения элит. То были элиты, освобожденные от повседневных забот, занятые роскошью и процветанием, разглагольствованиями, термами, вином, гомосексуализмом и олимпийскими играми. У нас такого нет. Современные элиты заняты созиданием: законотворчеством, обсуждением и финансированием проектов, подготовкой к конкурсам, форумам и фестивалям.

Поэтому я говорю о создании на основе латыни принципиально нового — специального — языка. Этот способ коммуникации будет сочетать в себе высокие государственные интересы и низкую, народную, преимущественно уголовную лексику. Моя задача — добиться предельно ясного, понятного каждому человеку сочетания задач государственной важности и народных представлений о том, как их нужно решать. Я называю этот новый язык термином «блатынь».

— Мог бы ты привести несколько примеров блатыни, чтобы мы получили представление о корпусе этого языка?

— Разумеется! Вот несколько ярких примеров. Все они созданы на основе разговорной латыни III–VII вв. нашей эры.

Huli mendatum modus? — Чо ты гонишь?
In carcere duo — Впаять двушечку
Zeher libero — Дешевый зехер
Si taurus mudacus — Как бык в загоне
Non duplo nihil — Чо-то я не вывожу
Sic mortis Petrovich est — Загиб Петрович
Ad Dei zhopa sacramento — На жопу забожиться
In tablo explicate tibi? — Тебе по-конски объяснить?
Inspectare mundi — Сечь фишку
Naftalinum memoria sum — Вспоминать за нафталин
Non oculus vinovatum est — Валить на безглазого
Per manus ad oculus — Дать в шнифт
Baba non grata — Ежовая маруха
In penis fortuna rotare — Дернуть судьбу за хуй
Ut guardia hujus herbarium — Охранять кукурузу

Lupus nullus — Волчара тряпочный

Anus globalis — Колбаса пригорает

In Putinum veritas — Кашу кушаем, администрацию слушаем

Ecco minetta — Посиди на подсосе

Ruberoid elegantis facere — Скрутить рубероид

Si pedicus nordicus forte — Наглый как колымский пидорас

Pizdimus minimissimi — Мышиный движняк

Memento filtrum — Следи за метлой

Status chmo — Ты кто по жизни?

— Как, с твоей точки зрения, это будет работать в реальной жизни?

— Тут уместно вспомнить, что именно низкая лексика в любом языке обладает сакральной силой. Говоря грубо, без «еб твою мать» в России ничего не решается, не действует никакой инструмент. Историческая функция ругательств восходит к очень древним магическим обрядам. Очевидно, что блатынь, которая содержит в себе именно этот мощный ритуальный заряд, должна перевести нас всех в особое, измененное состояние.

Предполагается, что эти выражения помогут правящей элите осуществить ее главную миссию: обеспечить переход населения России из тяжелой реальности в счастливую метафорическую среду — на территорию мечты и патриотизма. Именно блатынь, именно этот язык, который я называю «языком духовной целесообразности», может обеспечить процветание страны. Мы ведь знаем, что в соответствии с законами физики любой переход вещества из одного агрегатного состояния в другое сопровождается выделением энергии. Точно также и переход населения из реальности в мифологию с помощью блатыни будет выделять энергию — прежде всего, в виде денег.

— Чертан, но латынь, как известно, мертвый язык, и умерла она не сама по себе. Она просто утратила свое прежнее значение, потому что мир, который она создала, стал не нужен человечеству. Ты не думаешь, что и блатынь ждет та же судьба?

— Было бы безответственно строить на этот счет какие-либо прогнозы. Отвечу, собственно, на блатыни: nihil pizditis via uletitis.

6 декабря

ЧУДО-2030
Пресс-конференция в сказочном лесу

Пьеса рекомендована к постановке в госучреждениях и на корпоративных мероприятиях

Сцена 1
Ручей. Возле ветхой запруды толпятся бобры, провожая своего делегата на пресс-конференцию.

1-й бобр (Бобру-Делегату): Ну что, нормально выглядишь. Солидол! Усы бы только подстричь... С такими усами могут и не пустить. Скажут: «Вы что — Леший? У нас уже есть один».

Общий смех.

2-й бобр: Да ладно, что ты! Нормально все. Главное, не забудь, что спросить надо.

3-й бобр: Спроси его — без всяких там вывертов: что нам, бобрам, грызть? Ведь все, падла, срубили! Наш лес — это же одно название, что лес. Дрючки какие-то торчат из земли. Пеньки, епт. Невозможно жить! На плотину еле нагрызли...

1-й бобр: Вот-вот! Ты, главное — слышь? — ты, главное, это, скажи ему: нас постоянно проверяют. Задолбали проверками. Приходят и реально по беспределу плотины разрушают.

2-й бобр: А с хатками что творят! Приходят такие: «Реновация!» — и ломают все к черту. А налоги мы платим!

3-й бобр: Короче, внеси там предложение: пускай либо налог на хатку сокращают, либо проверки эти на хрен уберут...

Бобр-Делегат: Да я понял все! Пора, мужики. А то пока доберусь, пока там досмотр, пока чего... С богом!

Бобры: Давай, друг! Покажи им зубы! Счастливо! и т. д.

Сцена 2

Заячья нора. Заяц перед зеркалом репетирует речь. Зайчиха моет посуду.

Заяц: Дорогой Дедушка... нет, не то. Глубокоуважаемый Дед Мороз!.. Я как бы от лица всех зайцев сейчас хочу обратиться. Не знаю, в курсе ли вы... Возможно, вам не докладывают, но среди нас фактически происходит национальная катастрофа. Есть грандиозная проблема с линькой. Дело в том, что снега нет уже... довольно давно нет снега, скажем так. И поэтому неудобно... То есть создает проблемы с безопасностью передвижения. Следовательно... *(взрывается)* Я, сука, не могу уже!! Мы же, сука, серенькие!! У нас — шкурка! Зачем же мы линяем, твою мать, если снега нет?! Мы же как подорванные белеем! Нас же любая сова...

Зайчиха: Александр! Ты что? Господи, белый весь... Воды попей...

Заяц *(пьет воду, успокаивается)*: Фууу... В общем, господин Дед Мороз. Убедительно просим — если есть возможность, разрешите нам менять шкурку хотя бы раз в три года? Или введите возрастной ценз на линьку — пускай белеют зайцы, которым уже исполнилось 56 лет. А то нас всех совы похватают, а потом к нам же претензии — почему демографический кризис в лесу?.. В общих чертах я все сказал. Dixi.

Зайчиха аплодирует.

Сцена 3
Волчье логово, украшенное государственными флажками. Волки хмуро сидят вокруг круглого стола.

Первый Волк: Значит, коллеги. Зачитываю текст — один раз и ко всеобщему сведению. Надеюсь, возражений не будет (*надевает очки, читает*). «Уважаемый Дед Мороз! Прошедший год, как вы знаете, был для леса непростым. Нарастание внешних угроз и вызовов безопасности не могло не отразиться на нашей сказочной жизни. Хотя динамика по сокращению преступности сохраняется, отдельные вопросы требуют вашего, Дед Мороз, конкретного вмешательства. К сожалению, не все жители пока в должной мере оценили меры, предпринятые по вырубке деревьев. В отдельных регионах кое-где еще звучат упреки оппозиционно настроенных, скажем так, сказочных героев. Дескать, леса нет, дескать, все вырубили. Хочется задать встречный вопрос: а почему леса нет? Да потому что раскачивали его — вот и доигрались. В связи с тем, что подобные мнения звучат достаточно громко, предлагаем ввести в лесу ограничительные меры. Во-первых, провести перепись лесных жителей, чтобы собрать полную базу персональных данных и исключить возможность анонимных угроз. Во-вторых, предлагаем ввести для всех животных и птиц светоотражающую одежду — чтобы их передвижения можно было видеть в любое время суток...»

Второй Волк: Про сов забыл.

Первый Волк: Да, про сов! «Также предлагаем ввести комендантский час в отношении сов и иных ночных птиц». Хватит шляться по ночам, пугать жителей. Ночью спать надо. Пускай днем работают, как все.

Третий Волк: Да они ж не видят днем ничего?

Первый Волк: Не скребет. У нас, между прочим, бесплатная медицина. Ну все, я побежал.

Одобрительный вой.

Сцена 4

Большая лесная поляна, обсаженная редкими осинами и березками. Несмотря на зимнее время, никакого снега нет — только жухлая трава и мокрая глина. Посреди поляны — небольшая трибуна, перед которой толпятся лесные жители.

Из-за осин появляется Леший с портфелем. Всходит на трибуну.

Леший: Здравствуйте, коллеги! Через несколько минут Дед Мороз будет с нами, и мы начнем нашу волшебную встречу в зимнем лесу. Времени у нас предостаточно — на все вопросы, надеюсь, ответим, все чудеса обсудим. Ну а теперь — давайте покричим: «Ау! Ау! Дед Мороз, я вас зову!»

Общий шум, вой, хрюканье, лязг зубов. На трибуну быстрыми шагами поднимается Дед Мороз. Это подтянутый коренастый мужчина с пышной кудрявой бородой. Он одет в серо-оранжевый костюм лесоруба из хорошего шинельного сукна, с напульсниками и брюками на бретелях с высоким утепленным поясом. Вместо посоха Дед Мороз держит в руке длинный топор.

При появлении Деда Мороза в толпе поднимаются плакаты: «Шишка — семя правды», «Не мхом единым!», «Дед Мороз, а не отморозки!», «Жить в лесу — не поле перейти» и т. д.

Дед Мороз: Здравствуйте, друзья! Я тут кое-что с собой захватил! Угадайте, что?

Кабан: Топор?

Дед Мороз: Еще попытка!

Голос из толпы: Подарки?

Дед Мороз: Да, правильно. Подарки. И я надеюсь, что мне сегодня представится возможность их раздать. Но только после того, как все вопросы, которые вас волнуют, будут озвучены.

Леший: Обычно у нас первыми задают вопросы Зайцы. Но хочется немного отойти от традиции. Предлагаю дать слово Мухомору. Все-таки ветеран... Пожалуйста!

Мухомор: Дедушка Мороз! Значит, я что хочу сказать? Я инвалид первой группы. Я нахожусь в ситуации просто невыносимой. В моей грибнице постоянно скапливается яд, вредные и отравляющие вещества. Иботеновая кислота, мусцимол, вся вот эта дрянь накапливается. Ни я, ни мои соседи — бледные поганки — не можем нормально существовать. И это проблема не только наша, это всего леса проблема. Вы — наша последняя надежда...

Дед Мороз: Знаете, это очень прискорбно слышать. Вот вы говорите: яды скапливаются. Они что там — первый день скапливаются? Наверное, не первый, если вы за это время инвалидом стали. Значит, кто-то их распространяет. Тем не менее мы имеем то, что имеем, и должны на это реагировать. Я обязательно дам поручение разобраться, может, переселим вас куда-нибудь, с поганками вашими. Пожалуйста, следующий вопрос...

Леший: Друзья, по очереди! Кабан, прошу.

Кабан: Господин Дед Мороз! Подскажите, что у нас творится с желудями?! Вы хорошо знаете, что у нас в лесу запрещены европейские дубы, их выращивание. В связи с этим я и мои коллеги планомерно боремся с желудями, истребили к данному моменту почти 18 тонн. Сейчас желуди кончились. И я бы хотел внести предложение — может, запретить теперь что-то другое? Например, кленовые носики или там бересклет...

Дед Мороз: Бересклет. А что это?

Кабан: Ну как... бересклет... это такое... ну...

Дед Мороз: Давайте так, вы подготовьте нам для начала справку — и выйдите на нас с предложением. Хорошо? А то, знаете, трудно на пустом месте принимать решения. Не дай бог, они вам самим потом выйдут боком. Зачем? Кто там следующий? Давайте Лисе дадим слово, она извелась вся... (*Смех*)

Лиса: Здравствуйте! Сама я полярная, с Ненецкого округа, поселок Шойна... Дедушка Мороз! Хотела сказать просто огромное спасибо! Что вы делаете для нас, сколько чудес всяких — не сосчитать! И еда есть, и норы углубляем, вообще — расширяем ареал обитания благодаря вам...

Леший: Простите, Лиса, вопрос-то какой? Или только благодарности? (*Смех*)

Лиса: Дак вот вопрос: уже столько чудес нам сделали, еще каких-то ждать? Чтобы мы заранее подготовились.

Дед Мороз: Я понял. Спасибо за приятные слова. Значит, по поводу чудес. Конечно, мы не останавливаемся на достигнутом. Планы масштабные. Кто бы там что ни говорил, мы обязаны довести их до конца — в соответствии с волшебной программой развития зимнего леса. В ближайшее время у нас два очень важных события. Первое — федеральный закон о дятлах. У нас до сих пор нет нормального кадастра сосен, которые они обрабатывают. Из-за этого неразбериха. Короед уничтожается несистемно. Стук стоит, простите, сумасшедший, а толку — чуть. Так быть не должно.

28

И второе: для многих это будет, думаю, сюрпризом, но на федеральном уровне принято решение — с нового года мы начинаем строить лесной мост. Он свяжет северную и южную опушки, поможет разгрузить тропы в час пик... А вообще, что касается чудес, я хочу сказать: настоящие чудеса делаете вы, друзья — своим терпением, трудолюбием и стойкостью. А у нас какое волшебство? Мы просто работаем. (Аплодисменты).

Леший: Тут у нас Енот просит слова. Прошу вас.

Енот: Скажите, как вы относитесь к биткойну? Это, по-вашему, чудо?

Дед Мороз: Ну, я так бы не стал... Что это такое — биткойн? Просто слово, и все. Мы действительно стараемся исследовать самые передовые разработки и технологии. Но вот эта так называемая «криптовалюта» — это что? Чем она обеспечивается, чем может помочь развитию леса? Где же тут чудо? Ее, извините, ни погладить, ни полизать. (Смех, аплодисменты)

Леший: Давайте Ежика послушаем. Что там у вас?

Ежик: У меня, знаете, такой немножко личный вопрос. Хотелось бы узнать: где Снегурочка? Почему ее нет с вами, чем она занимается? Просто мы уже 27 лет ее не видим...

Дед Мороз: Вы знаете, мои близкие, несмотря на всякие слухи, находятся в нашем с вами лесу. Снегурочка живет нормальной, рядовой жизнью, никуда не лезет. Я просто не хочу, чтобы ей был нанесен какой-то моральный урон, понимаете? У нас всякий житель леса имеет право на неприкосновенность личной жизни. Все у нее нормально. И у меня тоже.

Леший: Коллеги, я предлагаю закругляться. Давайте буквально еще пару... Да, что там? Белочка, пожалуйста. Только говорите громче, если можно.

Белочка (волнуясь): Дорогой Дедушка.... Простите, я немного фамильярно... Но вы за это время стали для

29

нас действительно дорогим человеком... У меня вопросов, собственно, нет. Я только хотела передать вам подарок от всех нас, от нашего бельчатника. Это вот такое панно из лишайника. Называется «Сбор орехов в зимнем лесу». Передайте, пожалуйста... Спасибо!

Аплодисменты. Белочка передает панно — его подхватывает Леший и кладет на пенек.

Леший: Такая приятная неожиданность. Ну что, у нас остался последний вопрос. Я думаю, мы дадим слово Снежнике. Она — нечастый гость.

Снежинка: Здравствуйте! Я действительно Снежинка. Вы не против?

Дед Мороз: А кто может вам помешать? У нас каждый житель леса может стать снежинкой, если захочет. Правда, для этого нужны некоторые физические законы. Конденсация, температура... У вас как с температурой — нормальная? *(Смех)*

Снежинка: Да, нормальная, благодарю вас. Господин Дед Мороз, я хотела бы задать вопрос по поводу Лося. Вы знаете, о ком я говорю. Дело в том, что в связи со сложившейся в лесу ситуацией Лось находится в крайне угнетенном состоянии. Его преследуют, он за все цепляется рогами... Почти ослеп на один глаз и вдобавок — постоянно кричит. Слышать это жутко. Собираетесь ли вы как-то на это реагировать?

Дед Мороз: Вы знаете, я так и думал, что ваш вопрос сведется к состоянию нашего леса. Давайте я отвечу честно, как снежинка снежинке. Вот эти вот персонажи, которых вы упоминаете — они сами что для леса сделали? Птенцов спасли? Посадили что-нибудь? Пожар потушили? Может быть, они пытались предлагать нам совместную работу по укреплению корневой системы? Нет. Ничего этого нет. Потому что вот эти господа и им подобные, они умеют только одно — бегать на опушку и лизать соль. Причем ладно бы нашу.

Чужую соль они лижут, понимаете? Налижутся, а потом кричат на всех углах...

Снежинка: Простите, причем тут соль? Да ведь это же вы все деревья вырубили! Вы лично, своим собственным топором! Сколько лет вы этот лес рубите, даже щепок не остается! И снег тоже вы запретили!! Вы же не Дед Мороз, вы — дровосек!..

Возмущенные возгласы, шиканье, хрюканье и лязг зубов.

Дед Мороз: Извините. Минутку. Вы — взрослая снежинка. Вы же не с неба упали. Вы хотите, чтобы было как раньше, да?! Чтобы опять дебри непролазные, бор сырой, чащоба глухая? Чтобы опять все по норам да берлогам попрятались и там тихушничали? Вы вообще помните, что у нас в лесу творилось еще двадцать семь лет назад? Первобытный ужас был. Из норы выйти страшно — везде сугробы. Деревья стеной. Все едят друг друга. А сейчас — снега нет. Все на виду, все вместе. Каждый живет и трудится ради леса. Что же касается вырубки, то и тут вы ошибаетесь. Мои указания, о которых вы упомянули, затрагивают в том числе и новые посадки. Посадки молодой поросли идут постоянно. Вы можете в этом сами убедиться. Просто побродите по лесу, поглядите на него своими глазами, а не глазами разных там персонажей...

Друзья, я искренне благодарен за сегодняшнюю встречу. К сожалению, мы встречаемся всего раз в год и не все успеваем обсудить. Но надо постараться что-то сделать с этим. Надеюсь, в следующем году времени будет больше. А теперь — раздайте, пожалуйста, подарки!

Всеобщее оживление. Леший раздает участникам встречи подарки — подушечки с опилками, карандаши и разделочные доски.

Леший: Давайте поблагодарим Деда Мороза и все вместе споем гимн нашего леса!

Аплодисменты. Все поют: «Союз нерушимый свободных животных, Сплотил нас навеки наш сказочный лес!» Занавес.

1 июня

— Представляешь, сто лет назад «порно-Оскара» аж в четырех номинациях выиграл наш соотечественник из Петербурга?! Алексей Маетный (он же — Маркус Дюпри) взял 4 статуэтки: за лучшую мужскую роль, за лучший анальный секс, за лучшее двойное проникновение и за лучшую групповую сцену. Но я вот не знаю: не нашли в его пробах мельдония? Не с этого ли начался позор России? Неужели двойное проникновение осуществлялось под нейтральным флагом и без пения гимна?

— Мне кажется, Россию тогда вообще отстранили от секса, даже в групповом зачете. С тех пор остались только грузди и биткойн.

9 июня

...Нет никаких сомнений, что Москва уже в ближайшие годы опустеет за ненадобностью; ее населят другие народы, с представителями которых мы часто встречались в процессе прокладки тоннелей счастья и справедливости. Кажется, они не намерены долго оставаться с нами под землей и планируют вернуться на поверхность бывшей России, чтобы принести на оставленные территории новые смыслы. Прикладываем здесь рукопись, полученную нами от неких Тараса Оленина, Фархада Яббасова и Фирюзы Агибаловой. Судьба их нам, откровенно говоря, неизвестна, но в записях отчетливо видно стремление освоиться в новом мире на основе прежних представлений о нем. Судить, конечно, не нам — нас ждут более великие дела.

НЕЛЕГАЛЬНЫЕ МИГРАНТСКИЕ СКАЗКИ
Тарас Оленин, Фархад Яббасов, Фирюза Агибалова

Редька
Посадил Абдулрахим редьку и говорит:

— Расти большая.

И выросла.

Тянет Абдулрахим, вытянуть не может. Позвал Рахматулло. Рахматулло за Абдулрахима, Абдулрахим за редьку, тянут — не получается. Большая редька. Позвал Рахматулло Юсуфа.

Юсуф за Рахматулло, Рахматулло за Абдулрахима, Абдулрахим за редьку, тянут. Идет Ходжи Мирзо.

— Ассаламу алейкум, Ходжи Мирзо!

— Уа алейкум ас-салям уа рахматуллах уа баракатух!

И пошел.

Позвал тогда Юсуф мышку. Мышка за Юсуфа, Юсуф за Рахматулло, Рахматулло за Абдулрахима, Абдулрахим за редьку, тянут. Вытянули редьку.

Альхамдулилляхи Раббиль-Алямин! Хвала Аллаху, Господу миров.

Мирзо-Абдулло в тумане
Из-за туч вышла луна. Завыл шакал. Над рекой поднялся туман. Ослик утонул в нем по грудь. Мирзо-Абдулло сидел на горе под айвой и смотрел на освещенную луной долину.

— Шикарно! — думал Мирзо-Абдулло. — А если сон?

— Интересно, — думал Мирзо-Абдулло, — если ослик ляжет спать, какова вероятность, что он захлебнется в тумане?

Мирзо-Абдулло стал медленно спускаться с горы.

— Вот, — сказал Мирзо-Абдулло. — Ничего не видно. Ослик!

Но ослик не ответил.

— Где же он? — подумал Мирзо-Абдулло. И вдруг почувствовал, что земли под ним нет, и он куда-то летит.

— Я в реке! — подумал Мирзо-Абдулло и похолодел от страха.

Вдруг кто-то дотронулся до его левой ноги.

— Прошу прощения,— сказал кто-то,— кто ты и как сюда попал?

— Я — Мирзо-Абдулло, — ответил Мирзо-Абдулло. — Я упал в реку, и у меня нет документов.

— Тогда садись ко мне на спину. Я доставлю тебя на берег.

Через минуту Мирзо-Абдулло оказался на берегу.

— Никто не поверит! — подумал Мирзо-Абдулло и проснулся.

Уй-ёй

Стоит в поле уй-ёй. Бежит Тахмина:

— Пи-пи, чей уй-ёй?

Молчат

— Я заселяюсь!

И стала жить. Скачет Мамлакат.

— Чей уй-ёй?

— Мой, Тахмины. А ты кто?

— Мамлакат-поскакушка.

— Давай пополам?

И стали жить. Идет Азиз.

— Чей уй-ёй?

— Тахмина-норушка и Мамлакат-поскакушка. Тебе кого?

— Я Азиз-побегайчик. Хочу третьим быть.

Стали жить. Также заселились: Рушана-краса и Фотех-зубами-щелк. Живут, радуются.

Вдруг выходит из чащи Ваха. Да прямо в уй-ёй:

— Документы готовим!

Все разбежались.

Цветик-одноцветик

Жила одна Диля. Нигде не работала — еще маленькая. Мама послала в магазин. Диля хлеб купила и потеряла. Начала плакать, вдруг бабушка Фируза: «Помогу тебе цветком», — говорит. И дает: один цветок, семь зеленых лепестков.

— Оторви лепесток, — говорит бабушка Фируза, — и скажи:

> Олуча гули бодом,
> Ман писараки дадом,
> Дадом шишта чой хурад,
> Ман чойрезаки дадом.
> Для Дили ничего не жалко!

Диля оторвала и так сказала. И тут же была дома с хлебом.

Кор-Бобо

Жил один Бахтияр да женился на другой. У Бахтияра дочь Лайло, а жена ее не любит. Лайло пол помыла, все места протерла, а жена ругается. «Вези ее, Бахтияр, — кричит, — в лес, на мороз, пусть без прописки побегает!». Бахтияр заплакал, но повез. Свалил дочь под елкой и уехал.

Плачет Лайло, вдруг видит — по деревьям Кор-Бобо скачет. Кивает да пощелкивает. Остановился и говорит:

— Тепло, Лайло?

Она кивнула и потеплела. Кор-Бобо ее к дереву прижал и опять:

— Тепло, Лайло?

Она ему:

— Да!

Тут он ее пожалел, и стали жить вместе. А Лайло стала называться Коргыз.

Эчпочмак

Жил-был Толибджон со своей Фирюзой. Денег у них не было. Вот как-то просит старик покушать, а кушать нечего. Фирюза тогда перышком по тандыру помела, набралось муки с пригоршни две. Испекла Фирюза румяный эчпочмак и положила на тирезу остывать.

Эчпочмак посидел немного, подумал и покатился — с тирезы на тахтафарш, с тахтафарш — на айвончаи дари даромад. С айвончаи дари даромад — на улицу. И пошел.

Идет, а навстречу ему заяц:

— Эчпочмак, эчпочмак, я тебя съем.

— Не ешь меня, заяц, я тебе пригожусь.

И пошли вместе. Идут, а навстречу им Азамат. Азамат сделал им документы, и стали работать. А деньги Эчпочмак отправлял Толибджону с Фирюзой.

Сказка о глупом Ахмаде

Ветер землю овевает,
Лайла сыну напевает:
«Бай-баю, усни, Ахмад,
Мы поедем в Ашгабад»

А Ахмад ей: «Лайла-мама,
Не певец ты, скажем прямо.
Лучше, мама, не пищи,
А мне няньку поищи»

Побежала Лайла-мать,
Стала муэдзина звать:
«Приходите к нам, глашатай,
Нашу детку покачать»

Глупый маленький Ахмадик
Говорит: «Не нужно, дядя!
Голосок твой нехорош,
Этак вовсе не уснешь».

Прибежала Лайла-мать,
Поглядела на кровать,
Ищет глупого Ахмада,
А Ахмада не видать.

Курочка Богигул

Жила-была курочка Богигул.

Снесла курочка яичко, самое простое. Все стали его бить. Дед бил, баба била, мышка бежала, хвостиком махнула, яичко упало и разбилось.

Плачет курочка Богигул, и говорит ей Ходжи Зелимхан:

«Будь благонравна, — и тогда молва хулителей невольно станет глуше».

Послушала его курочка Богигул и на следующий день снесла новое яичко, не простое, а золотое.

Лагман из топора

Шел солдат Сайфуддин через кишлак. Смотрит — кулба. Хозяйка была Зухра. Зашел, поздоровался и говорит: «Покушаем?»

Хозяйка жадная была, все припрятала, говорит: «Нет ничего!»

— Эээе! Бўлма очкўзлик шунақа! — сказал Сайфуддин.

Хозяйка уперлась. Говорит, йок! Нет ничего! Где возьму?

Сайфуддин хитрый был солдат. Выслушал, говорит потом: давай топор!

Взял топор, воду поставил на ўт, говорит: там на деразе 3 луковицы вижу, дай. Дальше рукой потянулся — 2 крупные морковки, дарпарду отодвинул — там 400 грамм баранины, 2 картофелины, помидоры

37

400 грамм, 3 сладких болгарских перца, зелени пучок, чеснок, специи, острый перец по вкусу.

— Алдамоқ хоҳлаган эди? — спросил Сайфуддин.

— Не-не-не-не, — говорит Зухра.

Сварил Сайфуддин лагман. Йок проблем! Сам покушал и хозяйку накормил. Продали топор, открыли чайхану. Стала номер 1.

Фируза и Мурави

Попрыгунья Фируза лето целое пропела,
Оглянуться не успела — без работы Фируза.

Потемнело чисто поле,
Денег на три дня, не боле.
Злой тоской удручена,
К Мурави ползет она.

А Мурави, по мненью многих
Судей решительных и строгих,
Отличный малый, но педант
Имеет счастливый талант
Без промедленья в разговоре
Дать денег вам взаймы слегка,
С ученым видом знатока
Хранит молчанье в важном споре,
Но долг вернуть напомнит вам —
Пришлет пятнадцать телеграмм.

«Не оставь меня, кум милый!
Дай ты мне собраться с силой
И до вешних только дней
Дай мне тысяч сто рублей»

«Кумушка, мне странно это.
Да работала ль ты в лето?» —
Говорит ей Мурави.

«До того ль, голубчик, было
В супермаркете у нас?

Две проверки каждый час,
Управляющий — чеченец,
Денег платят три рубля,
Будто ты какая тля...
Даже голову вскружило»

«А, так ты...»

«Я не тужила...
Песню полюбила я».

«Ооо, ах вот как... Не тужи...
Так поди же, попляши!»

Слово воина
Шел я как-то вечером по улице. Вдруг слышу — мальчик. Подошел поближе — он стоит и плачет.
— Как зовут?
— Шавкет.
— Что с тобой?
Он сразу перестал плакать и посмотрел на меня.
— Ничего.
— Как ничего? Ты нездоров?
— Здоров.
Я взял Шавкета за руку.
— Пошли, а то скоро комендантский час начнется.
Он отдернул руку.
— Я часовой. Понимаете? Мы играем.
— Да с кем же ты играешь?
Шавкет помолчал, вздохнул и сказал:
— Не знаю.
Тут я подумал, что наверное, он все-таки нездоров.
— Не знаю, — повторил мальчик. — Я тут играл в песочке. И вдруг услышал голос. Очень громкий. Не знаю, чей.
— И что же он тебе сказал? — улыбнулся я. Шавкет посмотрел на меня широко раскрытыми глазами.

— Он сказал: «Ты — часовой. Но не отгоняй тех, которые взывают к Господу их утром и вечером, стремясь к Лику Его! Не на тебе расчет с ними ни в чем, и не на них твой расчет ни в чем. Стой здесь, пока я тебя не сменю». И еще сказал: «Дай честное слово, что не уйдешь».

— Ну?

— Я и сказал: «Честное слово — не уйду».

Мне стало очень приятно, и я протянул Шавкету руку.

— Молодец, — сказал я, — из тебя выйдет настоящий воин. До свидания!

Гульчехра и медведь

Жили дедушка и бабушка. У них была внучка Гульчехра.

Подруги Гульчехры Кадима, Фаиза и Акылжан Акыл позвали ее собирать хлопок в поле.

— Дедушка, бабушка, — говорит Гульчехра, — пойду с подругами на поле работать!

Дедушка с бабушкой отвечают:

— Иди, только не отставай от Кадимы, Фаизы и Акылжан Акылы, заблудишься.

Пришли подруги в поле. Гульчехра — куст за кустом — и ушла далеко.

— Ёрдам беринглар! Мен адашди! — кричит Гульчехра, но Кадима, Фаиза и Акылжан Акыл не слышат ее.

Ходила по полю, ходила, ушла в самую глушь, видит — стоит избушка. Стучит Гульчахра в дверь — ничего. Толкает дверь — та открывается. Зашла и села на эшак.

Хозяин дома был медведь Жамшид. Вечером с поля пришел и говорит:

— Все, — говорит, — не отпущу! Будешь здесь жить, вот каравот — будешь спать, тандыр топить, лепешку печь.

Гульчехра согласилась, а сама горюет. Решила обмануть Жамшида. Говорит: «Я самсы сделала много, давай бабушке с дедушкой отнесу, чтобы не пропадало!».

Жамшид согласился. «Я сам, — говорит, — отнесу, а то ты в поле убежишь». Гульчехра согласилась, положила самсы в большой сават и сама там спряталась.

Долго нес свой сават Жамшид. Принес, поставил на нарвон у дома и пошел себе. Дедушка крышку поднимает, а там самса и Гульчехра.

Обрадовались дедушка и бабушка. Стали Гульчехру обнимать, целовать, умницей называть. А медведь горевал-горевал и уехал обратно в Курган-Тюбе.

Сестрица Аленушка и братец Фаттих

Жили-были царь и царица с двумя детьми. Рано умерли царь и царица, остались сестрица Аленушка с братцем Фаттихом одни. Надо кушать, самим себя обеспечивать. Пошли брат с сестрой в странствие.

Идут и видят — лужа.

«Я хочу пить, сестра Аленушка», — говорит братец Фаттих.

«Не пей, Фаттих! — говорит сестрица, — козленочком станешь».

Не послушался Фаттих сестрицу, сделал по-своему.

Сидит Аленушка и плачет. Смотрит — старый философ Ураджан Ниязымбетов.

«Что же мне делать?— спрашивает Аленушка.— Не послушал меня маленький Фаттих, выпил воды из лужи, стал козленочком».

«Живой осел лучше мертвого философа», — сказал Ураджан Ниязымбетов и тоже выпил из лужи, и превратился в осла.

Выпила и Аленушка и превратилась в солнечный ветер.

«Шамоли офтоби!», — говорят Фаттих и Ураджан Ниязымбетов, когда она играет в их волосах.

Дедушка Наджмуддин и зайцы

В августе возле деревни Ёгед
Мы с Наджмуддином варили обед.

Ели шурпу, вспоминали охоту,
Солнце пекло, навевало дремоту.

Как-то особенно тихо вдруг стало,
Ветер поднялся и солнце пропало.

Прямы и светлы, как прутья стальные,
В землю вонзались струи дождевые

С силой стремительной... Мой Надждмуддин
Кинулся с кручи в долину один.

Долгие годы с тех памятных пор
Видел во сне я просвет между гор,

Где скрылся из виду старик Наджмуддин,
Где видно мечеть и поет муэдзин.

Тонет деревня в зеленых садах;
Домики в ней на высоких столбах.

Всю эту местность вода обнимает,
Так что деревню в дожди подмывает.

И, может быть, средь потоков, один,
Умер в мучениях мой Наджмуддин.

Время пришло седины в голове,
Как вдруг повстречал Наджмуддина в Москве.

Волнителен дедушкин, дети, рассказ,
Как в половодье он зайчиков спас.

Триста отличных, отборных зайчат,
Прямо сейчас в общежитии спят.

Акбир, Абдуллох, Алампыс, Мухитдин,
Насыр, Сейдулла, Юнусбек, Насреддин.

Наиль, Латияф, Муталиб, Фадлюллах,
Омар, Габдияр, Файзуллох, Заманшах.

Тарик, Сулейман, Таахир, Хайруддин,
Спас от дождя их старик Наджмуддин.

Яман, Салават, Кирим, Магомет,
Всем им поклон и огромный привет!

Волшебник рубинового города
Среди обширной Кургатской долины в Ошской области жила девочка Эльнура с мамой, папой и песиком Талгаткой. Жили они в домике-прицепе, который бросили геологи. Отец и мать стригли овец, а Эльнура с Талгаткой никогда не скучали.

Однажды бежит отец:

— Идет страшная буря! Эльнура, скорей прячься!

Эльнура прижала Талгатку, спряталась в домике, и тут налетел ветер. Кургатская долина исчезла, и тут же Эльнура с Талгаткой очутились в огромном городе. Высокие дома, машины, снег. Девочка села на скамейку и заплакала. Подошла к ней старая женщина с умным лицом.

— Из школы выгнали? — спрашивает.

— Я — Эля, — говорит девочка. — Полностью — Эльнура. А это Талгат. Я зову его Талгатка.

Старая женщина задумалась, потом говорит:

— Вам надо идти по волшебной дороге из Красного кирпича. Когда она закончится, все желания сбудутся.

— А где эта дорога? — спросила Эля.

— Везде, — говорит женщина. — Просто иди и не ошибешься.

Пошли Эльнура с Талгаткой по дороге из Красного кирпича. Вдруг видят — стоит Жунус в одежде шампуня.

— У тебя есть желание, Жунус? — спрашивает Эльнура.

— Устал, — отвечает Жунус.

— Пойдем с нами по дороге из Красного кирпича.

Пошли. Вскоре встретили Улухана, водителя маршрутки 645М «Измайловский бульвар — Новогиреево». Заблудился, потерял выручку, побили.

— У тебя есть желание? — спрашивают.

— Устал, — отвечает Улухан.

— Пойдем с нами по дороге из Красного кирпича.

И пошли. Дорога была долгой, петляла. Через несколько лет друзья вдруг увидели, что она кончилась, впереди была стена из красного кирпича с рубиновыми воротами. За стеной звучала музыка, в небо летели волшебные огни. Стали стучать. Ворота открылись, а за ними стоял прекрасный человек с клювом, как у журавля, голый по пояс, на коне, в руках у него были амфоры.

— Коллеги? — переспросил человек.

— Устал, — ответил Жунус.

— Устал, — объяснил Улухан.

— Хочу в Ош, — призналась Эльнура.

А Талгатка залаял.

Удивительный человек кивнул и поцеловал Талгатку. Затем он взмахнул крыльями и скрылся за тучей.

В ту же минуту зазвучала торжественная музыка, у Жунуса забрали одежду шампуня, Улухана попросили заглушить мотор и выйти из маршрутки, а Эльнуру депортировали в Ош. На площади остался один Талгатка.

— Мен сидзи керуп кубанам! — сказал он весело и пошел устраиваться на работу.

44

Золуш

Давным-давно жила одна счастливая семья: отец, мать и их единственная дочка, которую родители очень любили. За домом их присматривал Казым. Казым в переводе означает «сдерживающий гнев». Много лет жили они беззаботно и радостно.

К несчастью, однажды осенью, когда девочке исполнилось шестнадцать лет, она тяжело заболела и через неделю умерла. Вскоре умерла и мать. В доме воцарилась глубокая печаль. Прошло два года. Отец девочки познакомился с одной вдовой и вскоре женился на ней. С первого дня вдова возненавидела Казыма. Она заставляла его делать всю работу по дому и не давала ни минуты покоя. То и дело слышалось:

— А ну пошевеливайся! Принеси-ка воды! Давай подмети пол! Чего ждешь, грязнуля, подкинь дров в камин!

Казым делал всю тяжелую и грязную работу и от усталости засыпал на ящике с золой у камина. Все в доме стали называть его за это Золуш, и вскоре он и сам забыл свое прежнее имя.

Однажды по округе разнесся слух, что приближается Курбан-байрам, праздник жертвоприношения. Хоть эти места и были далеки от долины Мина, люди и здесь отдавали должное Ибрахиму, который по велению Всевышнего должен был принести в жертву своего сына Исмаила. Аллах увидел его преданность и затупил его нож. А в награду дал жертвенного барана.

Золуш представлял себе, как совершит гусль, покроет тело благовониями и отправится на намазгах. Но злая вдова строго сказала Золушу:

— И не думай! Я найду для тебя работу! Вот тебе занятие на весь день и всю ночь!

И с этими словами перемешала куркуму и зиру, и сказала:

— Отдели одно от другого!

Впервые Золуш заплакал от отчаяния и обиды. Но вдруг комната озарилась светом и появился Джабраил. Во всем сиянии своей славы, но в бедной одежде.

— Аллах велик! — сказал Джабраил. — Будем и мы поступать в меру его. Ступай к мечети, Золуш. Возьми с собой тыкву, несколько мышей, крысу и ящериц. Когда имам-хатиб произнесет хутбу, а все остальные воскликнут: «Бисмиллах, Аллах Акбар!», — скажи: «Такаббаля-Ллаху минна ва-минкум салиха-ль-а'маль! Да примет Аллах от вас и от вас праведные дела».

Так и поступил Золуш. И как только произнес он слова, переданные ему Джабраилом, тыква превратилась в барана, а мыши, крыса и ящерица — в красивые подарки. И был счастлив Золуш, и ел жертвенное мясо, и угощался сладостями, и сделал подарки близким и нищим.

Но время неумолимо летело вперед. Наконец большие часы на городской башне пробили двенадцать раз. И радость праздника не превратилась обратно в тыкву, крысу, мышей и ящериц. Ибо прав был Джабраил: неотъемлемы великие дары Аллаха, из которых главные — язык, чтобы вспоминать его, благодарное сердце и тело, переносящее испытания.

Кадербек, который умел считать до десяти
Один козленок научился считать до десяти. Подошел он как-то раз к лужице и увидел в ней свое отражение.

— Один! — сказал Козленок.

Это услышал Таджиахмет. Он как раз гулял поблизости и таскал дыню.

— Что ты делаешь? — спросил Таджиахмет.

— Считаю сам себя, — ответил Козленок. — Хочешь?

— Ненене! Я боюсь,— сказал Таджиахмет. Но козленок ослушался Таджиахмета и сказал:

— Один — это я, Таджиахмет — это два.

— Ёрдам бер менга! — стал звать на помощь Таджиахмет.

К нему подбежала Кадима. Таджиахмет пожаловался ей на козленка. Как вдруг:

— Один — это я, Таджиахмет — это два, Кадима — это три.

Разозлилась Кадима. Козленок помчался по долине, Кадима с Таджиахметом за ним.

Смотрят — Байбулат. Байбулат вспахивал землю и подбрасывал кверху кустики травы. Увидел Байбулат козленка, Таджиахмета и Кадиму и пошел им навстречу. Зачем, говорит, гонитесь за козленком? Таджиахмет и Кадима объяснили ему. А козленок:

— Один — это я, Таджиахмет — это два, Кадима — это три, Байбулат — это четыре.

Разозлился Байбулат и побежал за козленком вместе с Таджиахметом и Кадимой. Выбежали на дорогу, смотрят — по обочине прохаживается Кутлырахман и кушает шур-донак.

— Один — это я, — говорит козленок. — Таджиахмет — это два, Кадима — это три, Байбулат — это четыре, Кутлырахман — это пять.

Кутлырахман разозлился, бросил шур-донак и побежал с Таджиахметом, Кадимой и Байбулатом за козленком

Бегут, смотрят — спит Сурьма. Крик и шум разбудили ее. Она не стала интересоваться, что происходит, а пустилась рысцой вслед за Таджиахметом, Кадимой, Байбулатом и Кутлырахманом. Те по дороге рассказали ей, в чем дело.

— Один — это я, Таджиахмет — это два, Кадима — это три, Байбулат — это четыре, Кутлырахман — это пять, Сурьма — это шесть! — кричит козленок.

Так они мчались сломя голову, пока не добежали до центрального автовокзала. Смотрят — автобус на Москву. Едет 64 часа через Казахстан. В автобусе

Парваз, Турсунмурад, Бахтиер и Карим. Только забежали — мотор заревел, а автобус не едет.

— Ёрдамга! — вдруг закричал водитель не своим голосом. — Автобус переполнен, цепляет подвеску! В автобусе могут находиться только 10 пассажиров. Ким шу ерда қўлидан келади санамоқ?

— Я,— сказал козленок и начал считать. — Один — это я, Таджиахмет — это два, Кадима — это три, Байбулат — это четыре, Кутлырахман — это пять, Сурьма — это шесть, Парваз — это семь, Турсунмурад — это восемь, Бахтиер — это девять, Карим — это десять.

Как только сказал он это, автобус поехал. До Шымкента козленок считал пассажиров. До Кызыл-Орды— километры. До Аральска — литры бензина. До Саратова — время. А до Москвы — уже деньги.

Сейчас его зовут Кадербек Абугулимович Наркисов. Работает бригадиром на стройке.

14 февраля

— Оказывается, в Москву как-то хотели привезти картину «Мона Лиза». Руководство Пушкинского музея даже вело переговоры с Парижем. Сказали, что предки Леонардо да Винчи были из России, а прототип Джоконды — прабабка художника из Архангельской области.

— Да круче было бы привезти в Москву мощи Джоконды. Чтобы, когда приложился, загадочная улыбка уже никогда не сходила с твоего лица. Во-первых, это хорошо для социологии. А во-вторых, страшно до ужаса.

...Много работаем над корпусом текстов, адресованных потомкам. Жить им предстоит в сложном, но интересном мире, во взаимодействии не только с людьми, но и с так называемыми силами природы. Здесь, под землей, мы избавлены от необходимости принимать в расчет все известные нам явления. Но как знать, в перспективе всякое может случиться. Подготовили проект коммуникации с водой, воздухом, огнем, осадками и другими проявлениями сущности нашей планеты.

ПОСЛАНИЕ ПРЕЗИДЕНТА БУДУЩЕЙ РОССИЙСКОЙ ФЕДЕРАЦИИ СИЛАМ ПРИРОДЫ

Здравствуйте, уважаемые коллеги! Уважаемые вода и воздух, земля и огонь! День и ночь! Подводные течения и метеоритные потоки! Малые и большие небесные тела!

Сегодня речь пойдет о наших задачах в экономике, социальной сфере, во внутренней и внешней политике России. Нам приходится решать все эти задачи в сложных, неординарных условиях, как это не раз бывало в истории. Готовность работать ради России, сердечная, искренняя забота о ней — вот что лежит в основе нашего объединения.

За прошедший год у нас значительно возросла роль атмосферных осадков — дождей, градов, инея и других. В целом укрепился авторитет росы. Его надо поддерживать, подтверждать делами. Вообще это касается всех природных сил, представленных на планете.

Но, конечно, особая ответственность лежит на снегопадах и метелях. Они являются главной опорой Правительства. Нужно так выстроить совместную работу, чтобы все обещания, обязательства, взятые перед нашими гражданами, были ими выполнены.

Не могу не сказать два слова о том, что реально происходит, что у нас здесь есть, чего мы добились.

Продолжается бурный рост среди полярных сияний. Если несколько лет назад свечение кислорода было обусловлено излучением возбужденных атомов в метастабильных состояниях с длинами волн 557,7 нм и дублетом 630 и 636,4 нм, то сегодня длины волн сократились фактически до 391,4 нм и 522,8 нм. Думаю, в будущем году скорость гашения возбужденных состояний станет еще ниже.

Мы также продолжим изменения в области грозовых туч — чтобы они становились ближе к людям, чтобы конвективные облака не утрачивали своей плавучести до срока, а, как писал великий русский поэт Федор Иванович Тютчев, «резвяся и играя», наращивали темпы вертикального развития.

Отмечу, что в истекшем году на территории России зафиксированы 8,5 тысяч гроз. Дай бог всем здоровья и успехов в их работе в будущем.

К сожалению, не так гладко обстоят дела с сейсмической деятельностью. По-прежнему граждане страдают от лавин, необоснованных землетрясений, сталкиваются с оползнями, с ослаблением прочности пород при выветривании, переувлажнением суглинков. Необходимо существенно повысить эффективность контроля и за другими проявлениями сейсмической активности. Хочу обратить на это внимание тектонических сил евразийской литосферной плиты. Меня заверили, что эта задача абсолютно реалистична, выполнима.

Я хотел бы сейчас, уважаемые коллеги, обратиться ко многим из вас. Я хочу, чтобы меня услышали исключительно все природные явления — атмосферные, погодные, все циклоны, паводки, тороидальные вихри, солнечные и лунные затмения. Я прошу вас, что называется, не жадничать, не отдавать по привычке, по накатанной предпочтения исключительно казенным структурам, а самостоятельно проявлять сердечное отношение к людям. И давайте вместе держать эти вопросы под особым контролем.

Недавно мы столкнулись с серьезными внешними вызовами. Некоторые западные партнеры пытались пугать нас последствиями глобального потепления. Говорили о парниковых выбросах. О повышении глобальной температуры. О какой-то, извините, деградации вечной мерзлоты. Хотелось бы отметить, что деградация если и происходит, то в искаженном сознании тех, кто пытается выстроить под себя все правила международного сотрудничества, ограничить свободу слова, фактически ввести цензуру в глобальном информационном пространстве.

При этом никаких проблем с потеплением у нас не существует. Напротив, в целом наблюдается снижение среднегодовой температуры. При этом высота приливной волны по-прежнему остается одной из самых больших в мире — 12,9 м в районе Пенжинской губы Охотского моря.

Мы продолжим оказывать адресное содействие природным явлениям, которые оказывают влияние на производство сельхозпродукции. У наших фермеров должны быть новые возможности для выхода на рынок. Я убедительно прошу солнечные лучи, а также теплые восточные течения заняться этим вопросом.

При этом. Мы серьезно обновили правовую базу в сфере опасных природных явлений — лесных пожаров, наводнений и других. Совсем недавно в Ярославле, по-моему, мы собирались и говорили на эту тему. Это не проходная какая-то тема. Это чрезвычайно важное направление нашей совместной деятельности.

Уважаемые Вода и Огонь, мы будем самым внимательным образом следить за тем, что происходит

51

в регионах прежде всего по вашим направлениям и определять качество вашей работы в значительной степени по этим показателям. Я уже дал прямое поручение исключить трактовку «работа самозанятых сил природы как незаконная деятельность». Не нужно цепляться к ним по надуманным поводам. А чтобы таких поводов вообще не было, прошу в течение следующего года четко определить правовой статус самозанятых природных явлений — таких как, например, поземка, паводок, радуга, — дать им возможность нормально, спокойно работать.

Каждый, кто честно трудится, должен чувствовать, что государство, общество на его стороне. Справедливость не в уравниловке, а в расширении свободы, в создании условий для труда, который приносит уважение, достаток и успех. Все это, безусловно, находится в поле нашего внимания. Будем продолжать эту работу. Хочу поблагодарить воду, огонь, землю и воздух за профессионализм и благородство, мужество и храбрость, за то, что вы — природные силы России — дорожите своей честью и честью России.

Будущее страны зависит только от нас. И мы обязательно достигнем стоящих перед нами целей, решим задачи сегодняшнего и завтрашнего дня.

Спасибо вам большое за внимание.

17 июля

...Временами не хватает подлинных эмоций, настоящей русской драмы. Впереди у нас — только покой и благодушие, позади — ненависть и ложь. Что же сейчас? Признаться, хотелось бы посмотреть балет и послушать оперу. За неимением того и другого приходится развлекать себя написанием хотя бы либретто для них. Возможно, постановкой займутся новые поколения россиян.

МУМУ
Патриотическая опера с элементами балета

Действующие лица:
Герасим, немой крестьянин
Муму, собака испанской породы
Царь Ксенофонт, Властелин Реки
Barbara_1787, инстаблогерка
Рома и Ксюша, менеджеры
Александр Васильевич, командир
Джорджан Брунович, изобретатель
Солодовое Молочко
Последние Русские Мысли, Сила Правды, Потенциальные Клиенты, Охранники Парка, Прохожие, Армейские Чины, Военные Системы и Изделия, Журналисты, Блогеры, Те, Кто Рад Случившемуся, Случившееся и др.

Пролог
Раннее утро. По Москве-реке мимо Кремля в направлении Лужников плывет лодка, в ней сидит мужчина. Это Герасим, немой русский крепостной средних лет. В руках он держит небольшую собаку испанской породы — Муму. Оказавшись в отдалении от жилья и офисных помещений, Герасим привязывает к собаке камень, накидывает на нее мешок и бросает в воду. Муму уходит на дно. Герасим молча плывет к берегу, утирая слезы отчаяния, сомнения и тоски от тяжкой непреодолимой доли.

ДЕЙСТВИЕ ПЕРВОЕ
Картина первая
Муму погружается на дно Великой Реки. Обширное пространство дна заполнено предметами и сущностями разных периодов всемирной русской истории.

Здесь остовы знаменитых кораблей, кувшины с золотом партии, фрагменты Янтарной комнаты, образцы непобедимого оружия — в частности, пушка с туго забитым в нее снарядом, а также потускневшие портреты великих утопленников прошлого, включая Григория Распутина, Персидскую Княжну, Василия Чапаева, адмирала Колчака, прыгнувшей с обрыва Катерины, Тридцати Трех Богатырей и др.

Течение Великой Реки приводят в движение потоки Последних Мыслей, брошенные русским народом в темную пучину своего самосознания. Мы становимся свидетелями страстного танца Последних Мыслей и слышим обрывки их песен: «С Ивана Калиты последовательно и упорно собиралась Россия и достигла размеров, потрясающих воображение всех народов мира»... «У ней особенная стать — в Россию можно только верить, умом Россию не понять»... «Назначение русского человека есть, бесспорно, всеевропейское и всемирное»... «Не народ, а скотина, хам, дикая орда душегубов и злодеев»... «Ах, как тяжело, как невыносимо тяжело порою жить в России, в этой вонючей среде грязи, пошлости, лжи, обманов, добрых малых мерзавцев, гостеприимных плутов — отцов и благодетелей взяточников!»... «Надо, Федя, надо»...

Муму очарована гибельной красотой танца Последних Мыслей. Она уже готова стать одной из них и влиться в сильное течение Великой Реки со своей собственной последней мыслью.

«За что?» — поет Муму о своей собачьей доле.

Удивительно, но именно эта простая мысль останавливает танец других Мыслей. Великая Река как бы замирает, сцена озаряется ярким зеленым светом. На ней появляется Речной Царь Ксенофонт.

Картина вторая
Царь Ксенофонт олицетворяет тайну власти Великой Реки. На сцену он выезжает в гигантской болотной

54

кувшинке, запряженной карасями. На высокий лоб Царя ниспадает прядь редких глубоководных водорослей «апоногетон двухколосый». В руках у Ксенофонта томик философа Ильина, на голове — золотой двурогий шлем Александра Македонского, утопленный в кинофильме «Джентльмены удачи».

Ксенофонт поражен красотой и искренностью Муму. Он поет свою арию, в которой объясняет собаке Суть Событий. Великая Река, которой он управляет, могущественна и непобедима. В Реке заключена Сила. Сила — в Правде, которую человечество бездумно утопило в Реке. Сила Реки такова, что она способна стать целым Океаном Правды и затопить человечество, чтобы вернуть ему утраченные и забытые ценности. Для этого не хватает сущего пустяка: Радости. Потому что Силы в Правде действительно много. А Радости нет никакой.

Ксенофонт заключает с Муму контракт. Он сохраняет собаке жизнь в обмен на то, что она найдет, испытает и принесет ему Радость. Муму соглашается. Потоки Мыслей и Сила Правды стремительно увлекают собаку наверх, в реальность.

ДЕЙСТВИЕ ВТОРОЕ
Картина первая
Нескучный Сад. Муму, отряхиваясь, выходит из воды, оглядывается. Непонятно, сколько времени провела она на дне. Москва то ли похорошела, то ли изменилась до неузнаваемости. На гранитной набережной в шезлонге лежит инстаблогерка Barbara_1787. Она делает селфи своего 3D-педикюра и пьет тыквенный латте на альтернативном молоке. Barbara_1787 изгибается, чтобы вместе с педикюром захватить в кадр стаканчик с напитком и фрагмент своей искусно сформированной груди. Затем складывает губы «уточкой» и поет арию: «Я, будучи свободной во всех сферах».

Ария содержит в себе отсылки к психоанализу, благотворительности и тяжести созависимых отношений.

Внезапно в кадре айфона возникает Муму. Barbara_1787 поражена счастливой случайностью. Она берет палку для селфи и начинает стрим. Муму удивлена: она не понимает, что надо делать. «Всем привет на стриме! — поет Barbara_1787 — Почему мы именно здесь и именно сейчас? Потому что к нам приблудилась очаровательная псюша! И мы, короче, радуемся. Радуемся этому дню, свободе и псюше! Радуемся так, что у всех нас сейчас лопнут от радости глаза. Давай, псюша, давай!»

Муму подбегает к Barbara_1787 и выкусывает ей глаз. Кровь хлещет рекой, инстаблогерка теряет сознание, айфон падает на асфальт, на его экране вспыхивают красные сердечки лайков.

На набережной начинается паника, перепуганная Муму убегает.

Картина вторая

Парк Горького. Веселые пары под музыку играют в пинг-понг, лежат на газонах, целуются на цветных пуфиках. Дети кормят хлебом уток. На скамейке в тенистой аллее сидят Менеджеры — Рома и Ксюша. Рома недоволен условиями контрактации. Ксюша — поведением Ромы на питчинге. Они исполняют дуэт: «Кто кого теперь брифует?» Постепенно к их арии присоединяются Потенциальные Клиенты, то и дело подъезжая к Роме и Ксюше на роликах. У каждого свой вопрос: по брендированию, по маркетингу, по дизайну презентации, по договорам, по соцсетям и т. д. Каждый раз Рома и Ксюша языком жестов и песни отвечают Клиентам: «Спасибо, мы вас услышали, вернемся с ответом». Клиенты уезжают, у каждого на лице — Радость.

Муму, ощущая эту радость, тоже подходит к скамейке Менеджеров и принимает положения хатхайоги «Собака головой вверх» и «Собака головой вниз». Менеджерам знакомы эти асаны, но они считают собаку всего лишь бессловесной частью культурно-развлекательного кластера, поэтому переключаются на песню о текущих трендах. Из нее мы узнаем, что на смену новой искренности Эпохи Гнева приходит циничная откровенность Эпохи Страха. «Надеюсь, эта сучка от нас отвяжется», — поет Рома, стараясь соответствовать этике момента. «Надеюсь, она откусит тебе ноги», — шутит Ксюша.

Муму отгрызает Роме ногу. Радости не случается. Ксюша падает в обморок. Рома истошно вопит, корчась в луже крови. Муму в испуге убегает, за ней мчатся охранники парка в форме цвета крем-брюле.

Картина третья

Мелькание погони сменяется покоем и строгой чистотой помещений. Пробежав по Фрунзенской набережной, Муму оказывается в коридорах Национального Центра Управления Обороной РФ. Через приоткрытую дверь она заходит в просторный зал, где сидят Армейские Чины. К ним обращается генерал Александр Васильевич — бритый налысо человек в форме с крупной нашивкой «Командир».

Александр Васильевич исполняет арию «Сегодня у нас радостный день». В ходе арии Александр Васильевич докладывает, что, невзирая на враждебные действия, которые пересекают красные линии и нагнетают международную напряженность, плановая деятельность по укреплению обороноспособности продолжается.

«Совершенствуется состав и организационная структура соединений и частей, — поет Александр Васильевич. — Совершенствуется система их базирования. В целях парирования потенциальных угроз в строй вводятся системы нанесения фатального ущерба, не имеющие аналогов в мире».

На сцене начинается танец Систем и Изделий. В вальсе кружатся Невидимый Прыгающий Танк, Снаряд Справедливости замедленного действия, Пули Духовности с цитатами Бальмонта и Пушкина, Огнемет «Полярное Сияние» и другие образцы, не имеющие аналогов в мире. Солирующая роль принадлежит гиперзвуковой ракете возмездия «Вавилон» с системой наведения на нетрадиционные ценности. Ее характеристики впечатляют. Максимальная скорость достигает девяти махов. Масса боевой части — 200 кг.

Хор Армейских Чинов поддерживает танец Систем и Изделий. Начинается кульминация. «Есть открытие люка! — поет хор. — Есть движение Главного Изделия!» В полу помещения открывается люк, и на сцене в сиянии прожекторов противовоздушной обороны появляется Главное Изделие — серотониновая граната «Радость» с ингибитором обратного захвата дебилизма. Под шум аплодисментов и крики «Ура!»

Муму бросается к гранате и хватает ее. Раздается оглушительный взрыв хохота: взрывная волна веселья разрушает здание и выбрасывает собаку к зданию РИА «Новости» на Зубовской площади.

Картина четвертая

Здание РИА «Новости». На фасаде мерцает крупная бегущая строка: «Сегодня в 16-00 пресс-конференция! Изобретатель Радости, резидент парка инноваций и отдыха «Сколково» Джордан Брунович». Муму вместе с потоком журналистов и блогеров попадает в зал, где уже собралась масса возбужденного народу. На возвышении в кресле сидит Изобретатель — крупный немолодой человек с добрым лицом и печальными глазами.

«Дорогие друзья, — с чувством и одышкой поет Джордан Брунович. — Все мы объединены общими планами на будущее и планы эти — укреплять нашу духовность и нравственность. В сегодняшнее, безусловно, непростое время мы, изобретатели, делаем все, что нам положено. А именно: изобретаем то, что способно поддержать в обществе стабильность и сохранить гражданское согласие. Поэтому встречайте нашу совместную разработку с Институтом Национальных Преимуществ и Государственной Инспекцией Противодействия — бездымный контейнер для Радости "Прометей"»!

Джордан Брунович в медленном танце подходит к журналистам с небольшим прибором, похожим на кадило. Прибор светится изнутри попеременно черным, белым и болотно-зеленым цветами. Участники пресс-конференции образуют вокруг ученого и его прибора хоровод, плавно кружащий в ритме презентации.

«В основе устройства — каталитическая горелка, — поет Джордан Брунович. — Она состоит из двух каталитических сеточек, эжектора и тонкого отверстия, своего рода сопла. Когда вы делитесь с прибором своей радостью, в эжектор поступает смесь пропана-бутана и воздуха. Так называемые турбинки завихряют смесь в противоположные стороны. Она поступает на сеточки и светится. Если радости много, мы наблюдаем красное свечение. При этом прибор не дымит и пахнет линиментом бальзамическим по Вишневскому».

Участники хоровода по очереди делятся своей радостью с контейнером. Сцена озаряется красным свечением, в воздухе стоит запах мази Вишневского.

Он опьяняет Муму: собака бросается к передовой разработке «Прометей», хватает ее зубами. Раздается оглушительный треск, из контейнера вылетает птичка и выклевывает Джордану Бруновичу печень.

Слышны крики, визги, красный свет гаснет, сцена погружается во тьму.

ДЕЙСТВИЕ ТРЕТЬЕ
Картина последняя

Парк «Музеон». Скуля от тоски, Муму бродит среди памятников прошлых эпох, выставленных на просторной поляне. Чуть поодаль из Реки поднимается огромный зловещий памятник царю Петру Первому работы скульптора Зураба Церетели. Собаке страшно. Ее танец напоминает метания потерянной души.

Внезапно за мраморной головой Иосифа Сталина Муму находит спящего в траве бородатого человека средних лет. Из его кармана торчит недопитая бутылка водки «Чистые росы» производства Саранского ЛВЗ на основе однозернового органик-спирта, дистиллированного на медном оборудовании Кемлянского спиртового завода. Вокруг спящего человека парит в танце легкое облако — это натуральное Солодовое Молочко, полученное на собственной солодовне из органического ячменя и проса, используемое для ферментации зерна.

В спящем человеке Муму узнает Герасима, решившего сбросить с себя оковы русского крепостничества, но не сумевшего найти Курский вокзал. Муму визжит и лижет Герасима в лицо. Он открывает глаза и от неожиданности обретает дар речи.

— Прости меня, — поет Герасим и плачет. Плачет и Муму. Впервые в жизни она испытывает подлинную Радость.

В то же мгновение вода в Реке начинает бурлить. В ней образуются водовороты, в которых гибнут речные трамваи и катера, с грохотом падает и уходит под воду памятник Петру Первому. Из воды показывается, все увеличиваясь в размерах, Царь Ксенофонт. Он требует у Муму немедленно отдать ему найденную Радость согласно контракту.

Однако Муму отказывается выполнить условия сделки с властелином Реки. Наученная опытом циничной откровенности Эпохи Страха, собака исполняет арию, текст которой не слышен в зале, однако смысл понятен по танцевальным движениям Герасима: «Это наша Радость, пойди найди себе свою».

Чужая радость оказывается губительной для Ксенофонта. Он начинает высыхать, идет трещинами, крошится и наконец с грохотом рассыпается в воздухе.

В этот же момент Река выходит из берегов. Мутные потоки Правды обрушиваются на Москву, заливают улицы и проспекты. Течение русской Мысли прекращается, начинается Потоп.

Эпилог

Из воды торчат верхушки небоскребов Москва-Сити. Муму и Герасим плавают на стволе дальневосточного кедра из парка Зарядье вокруг рубиновой звезды на шпиле Спасской башни. Постепенно на поверхность начинают всплывать Те, Кто Рад Случившемуся. Они и раньше чему-то радовались, но за это другие считали их тем, что не тонет. И вот действительно: не тонет.

Над поверхностью Случившегося разносится «Собачий вальс» в обработке композитора Леонида Десятникова. Выжившие плавают по поверхности. С каждым днем их становится все больше.

1 октября

У нас тут случаются, к счастью, невероятные находки. В нашем распоряжении оказался отрывочный, но интересный материал. Судя по всему, это фрагменты служебной переписки столетней давности. Что-то вроде записей о работе творческой команды, которая по заказу столичных властей работала над амбициозным проектом — переосмысливала ВДНХ, главную

61

советскую выставку в Москве. Где и от чьего имени велась эта переписка, непонятно. Скорее всего, дело происходило где-то в глубине так называемого культурного кластера — тайного московского интеллектуального пространства, отгороженного от посторонних глаз дизайном и современным искусством.

Текст переписки показывает, что Россия в то время вступила в очередную стадию своего развития, которая окончательно стерла грань между эпохой возрождения и самоуничтожения. Как становится ясно из документов, с момента открытия в 1939 году ВДНХ пережила три ключевых периода, выразив смысл разных перемен скульптурами, павильонами и фонтанами. Здесь было время людей, которые хотели жить, как на выставке. Время людей, которые должны были пахать и работать, как на выставку. Время людей, которые мечтали окружить себя вещами с выставки. И вот наступило время людей, которые просто хотят сходить на выставку.

В материалах высказывается гипотеза, согласно которой мечта о благополучии людей, не создающих никаких благ, может быть реализована на основе философии и методологии так называемого неовандализма. В отличие от обычного вандализма неовандализм не разрушает прежние смыслы. Наоборот, он создает множество новых, удивительных, но совершенно бессмысленных сущностей. Только это позволяет вовлечь огромное количество молодых, энергичных и здравомыслящих людей в процессы, которые не имеют никаких целей и не приводят ни к каким результатам.

Впрочем, вполне возможно, что такое впечатление складывается из-за отрывочности, а может быть, и абсолютной неправдоподобности материалов, о которых идет речь. Тем не менее они вполне выражают дух времени, а какие выводы из этого следует сделать, решать теперь уже не нам.

ВНХД. НЕОВАНДАЛИЗМ КАК ТВОРЧЕСКИЙ МЕТОД

***

«Коллеги, приветствую! К нашей беседе подключается Рома, который теперь занял место Ани. Специально для него и для всех, кто недавно подключился, напоминаю, что мы успели накреативить за последние несколько дней:

ЦЕНТРАЛЬНЫЙ ВХОД. Охрана как в Парке Горького. Строгая бежевая форма, славянская внешность. Мб темные очки?

Рядом с центральным входом, где экскурсбюро, делаем остановку для «моби-пляжа». Эту идею предложила Марина, и мне очень нравится: вместо пошлых вагончиков пускаем яркие пуфики на колесах — люди едут и загорают прямо на ходу. Отправление от центрального входа раз в пятнадцать минут.

Идею с птицами мира придется отложить. Не пролезаем по бюджету ((Но я уверен, что можно украсить вход как-то иначе. Маша, Рома, думайте и толкайте Ксюшу.

АЛЛЕЯ ПОМОЩИ. За Центральным входом начинается "Зона Помощи" и одноименная аллея. Там каждый гость ВНХД может оказать помощь природе. Взять под опеку растение. Долить воды в ручей, чтобы не пересыхал. Отодвинуть камень подальше от человеческих ног. Покрошить хлеб птичкам, короче — всем помочь. Принимаются предложения.

ПАВИЛЬОН „БЛАГО" (бывший № 1). По нему уже согласовано. В павильоне представительства крупнейших благотворительных организаций. На стенах — плазмы, где круглосуточно крутятся портреты тех, кому нужна помощь. Из динамиков звучат их биографии (начитывают артисты и селебс). Ставим

63

терминалы, чтобы люди сразу переводили на счета деньги.

Вроде все. Жду новых предложений, времени мало».

«В дополнение к тому, что написал Илья. Соратники, не забываем, что у нас есть мощный ресурс — волонтеры!! Три тысячи волонтеров достаются нам совершенно бесплатно и уже рвутся в бой. Предлагаю создать отдельную группу волонтеров, которая будет как бы „виртуальными посетителями" ВНХД. Вроде посредников. Типа, если человек не может приехать и полить свое растение, которое он опекает, он просто смсит волонтеру. Тот сам поливает и отправляет опекуну фотку. Соответственно, волонтеры могут и положить за тебя деньги в павильоне „Благо"».

«Супер!! Принимается. Еще забыл сказать — насчет Монреальского павильона, который у Северного входа, с покатой крышей. Похоже, все-таки делаем там Академию Роликов — самая большая рампа в Европе!»

***

«Всем привет, коллеги! Вот небольшое саммари по итогам нашего заседания.

Фонтан „ДРУЖБА НАРОДОВ" не трогаем и ротор в него не вставляем. Место около фонтана называем Площадь Бэбиситтеров и устраиваем кучу детских активностей (Митя в курсе, согласен). Каждая фигура на фонтане символизирует какую-нибудь няню — филиппинскую, тайскую, украинскую, узбекскую и т. д. По периметру площади ставим лотки агентств, предлагающих бэбиситтинг. Идеальное место, чтобы оставить детей, а самим пойти развлекаться.

Вокруг фонтана, соответственно, павильоны:

„РУССКИЙ ЯЗЫК" (бывший „Народное образование"). Там проходят все городские диктанты. Любой мигрант может сдать ГОЭРЛО (Государственный

64

Официальный Экзамен по Русскому языку, Литературе и Обществознанию). А самое главное — у нас там будет Великая Русская Интерактивная Стена!!!! Я про это сегодня не сказал, потому что договор только что подписали. Эта стена — самое крутое, что будет на ВНХД. С ней можно будет говорить, и она автоматически поправит все ошибки!! А главное, она будет распознавать каждого посетителя, потому что там в основе механизма — хитрая система, которую делал Цукерберг вместе с „Яндексом“. Даже не спрашивайте, сколько стоит.

„АРКТИКА“ (бывший „Биология“). Голландский проект с итальянско-японской техникой. Три снегогенератора „Охара“ делают нам уникальный арктический климат прямо в павильоне. Льдины, вьюга, минус пятьдесят, северное сияние — вот это все. Можно волонтеров нарядить медведями! Коктейль-пати, водка из ледяных бокалов, в общем, холодные удовольствия! Сашину шутку про фригидных хостесс в концепцию предлагаю не включать))

„ПОБЕДА“ (бывший „Атомная энергия“). Супермегадрайвовый аттракцион. 7d-кинотеатр исторической реконструкции. Каждый может стать участником сражений, где всегда побеждает Россия: Ледовое побоище, Куликово поле, небо Аустерлица... Битвы длятся полчаса каждая. По окончании — салют, шампанское, фанфары. Заказчик может прислать свой сценарий, типа битвы Уфы с Парижем или Русско-Американской войны — тогда за отдельные деньги готовим ему реконструкцию».

***

«Привет, Илья и Маша! Насчет Дома Шавасаны: это ведь центр отраслевой зоны? Там у нас, если я правильно помню, от фонтана „Нефть“ всего двадцать шагов. Можно выложить это расстояние стеклоблоками с инфернальной подсветкой».

«ЭЭЭ, Рома, что такое Дом Шавасаны??»

«Сорри, это я так называю павильон „ЙОГА“)). По нему все ясно — ретрит, веганфуд, промывание морской водой, получение лицензий. Я думаю, очередь выстроится от центрального входа)».

«ОК. А по другим павильонам что?»

«По другим так. „БОЖИЙ И НАРОДНЫЙ ПРОМЫСЕЛ“ фактически из двух зон: „Сколковская игрушка“ (они уже подали заявку) и часовня. „ДВОРЕЦ КОВОРКИНГА“ надо обсуждать вместе — пока у меня только придумалось что-то типа приюта для стартаперов».

«Про Дворец Коворкинга есть предложение: сделать там оригинальное антикафе. Суть в том, что стартаперов кормят гости ВНХД. Или волонтеры, которым ты можешь отправить смс типа „покорми стартапера“.))) Еще я придумал там капсульный отель, как на Тверской, — можно поспать, если устал развлекаться».

«Вот про антикафе и капсульный отель мне нравится. У меня есть выход на главного дизайнера ИКЕА, попробую договориться о встрече».

***

«...не поняла, почему Маша так против кофе-ботов. Клевый же проект! Нам уже делают тестовую версию приложения „Get Coffeebot“. Жмешь кнопку на айфоне, через пару минут в любую точку ВНХД приезжает робот и наливает тебе кофе! Где тут минусы?(((»

«Не парься. Просто надо все посчитать. Дойдет дело до роботов, может, даже „Службу тирамису“ запустим. А с павильоном „ВАЙ-ФАЙ“ решили что-нибудь?»

«Да! Там очень красивая история. Это у них называется „1-я Московская Городская Фабрика Вай-фая“. Суть в том, что человеческая энергия перерабатывается в вай-фай прямо на месте. Каждый может принять в этом участие, то есть это коллективный

66

процесс. Можно крутить педали, выдувать пузыри, прыгать на батуте, перетягивать канат. Наташа говорила, что у них вроде даже специальная «комната крика» есть. Человек кричит, и звук перерабатывается в вай-фай. Тому, кто прошел все активности, выдается сертификат типа „Я, Иван Иваныч, дал стране 200 мбит в секунду“. Ну еще сувениры всякие, майки „Я вырабатываю вай-фай“ и так далее».

«Шикарно! Это все в бывшей „Электрификации“?»

«Да. Там же рядом и „ВСЕЛЕННАЯ РАЗВЛЕЧЕНИЙ“, которая „Космос“. Ну по ней ты сам все знаешь. Аттракционы, невесомость, веселые перегрузки. Славик сказал, что его контора может сделать в тюбиках любую еду, хоть бургеры с двойной солониной.)) Еще есть маза отправлять смс и ммс в дальний космос — типа сигнал пришельцам. Скажи, а по Политеху у нас все остается как есть?»

«По Политеху — да. Лекции и вебинары на плазмах по всей территории. Пока не забыл: скажи Роме, что демонтаж ракеты — вопрос почти решенный. Там у нас, если помнишь, планируется ROCKET MARKET, и надо начинать уже собирать под это винтажников, лавки с барахлом, блошиные рынки и т. д. Потом поздно будет!»

***

«Соратники! Хоть я в Америке и сейчас тут ночь, но с удовольствием поделюсь с вами достижениями по поводу кулинарного кластера (где выводной круг и бывшее „Свиноводство“).

Во-первых! Вчера говорил по скайпу с Ваней из „Архстояния“. Они в принципе готовы соорудить для нас несколько зиккуратов. Мы их расставим на территории яблоневого сада, будет клево. Во-вторых, вместо яблонь стопудово делаем идеальное фермерское хозяйство. Калужане уже наседают, когда им можно приехать, посмотреть место. Ну и наши друзья из „ЛавкаЛавка", я надеюсь, согласятся. Остальным дадим брендированные лотки, на них ставим облепиховый сок, свежую ряженку, огуречный лимонад. Фестиваль хумуса Боря делать не отказался, но можем обратиться к кому-нибудь другому.

Маша! Что касается бывшего фонтана „Золотой колос", я не уверен насчет „Мохито". Мне гораздо больше нравится первая идея — „Шприц-Апероль". Его ведь и почти переделывать не надо: золотой и длинный))) Там же устанавливаем Большую Сцену».

***

«Илья, только что получила официальный ответ насчет „Крыма". Они вообще не хотят открывать для посетителей свою территорию. Упирают на то, что это уже давным-давно по документам частная собственность, и их вообще не волнует наша концепция. Они собираются сделать на территории дворца закрытый клуб „Крым" (типа банкеты и юбилеи только для своих). Единственное, на что мне удалось их уговорить, чтобы форма у секьюрити была фиолетовая, а не камуфляж. И то за наши деньги».

***

«Короче, по кулинарии бюджет закрыли. Единственные изменения — Академия Фалафеля из бывшего „Овцеводства" переместится в „Свиноводство", потому что ей надо меньше места, чем НИИ МАКАРУНЫ».

«Сорри, я не в теме — что за НИИ?))».

«Рома, на летучках надо чаще бывать. Это ребята со „Стрелки", придумали отличный кондитерский образовательный проект. Всякие чизкейк-воркшопы, маффин-классы, семинары по капкейкам и прочее».

«Супер! Слава ВНХД!»

***

Важное примечание: мы видим, что в тексте переписки фигурирует аббревиатура «ВНХД», а не ВДНХ. Судя по всему, это внутрикорпоративная шутка — якобы на одной из летучек в ресторане Ragout случайно оказался посторонний посетитель, заснувший под столом еще с прошлой ночи. Его разбудили презентацией, он встал и сказал:

— Чо? Вам Не Хуй Делать?

Так и повелось.

12 апреля

...Временами вспоминаем историю прежней России, благо у нас тут обнаружился запас учебников истории 20-х годов прошлого века. Некоторые из политических деятелей той поры особенно поразили нас своими усилиями, приложенными для превращения страны в то, что от нее осталось. Нам показалось забавным сохранить их в нашей памяти в виде героев великого эпоса, который мог бы сложить какой-нибудь странный народ.

КОЛЬЦО КРЕМЛЕВСКИХ НИБЕЛУНГОВ
Песни северных людей о богах и героях

Песнь 22-я
О том, как птица Букстехууде лишила мысли Данкрата, сына Флорвога и Ниссе, и превратила его в Дмитрия Анатольевича Медведева

Над необъятными северными равнинами
Парит суровый дух инноваций Флорвог.
Купаясь в лучах северного сияния,
Он превращает идиотов в нерп.

Но скука обуревает его. Видит он мох Ниссе —
Как мягок, изумруден и чист!
Дух инноваций Флорвог ложится сверху
На мох Ниссе, развлекается с ним — воздействует.

И вот изо мха Ниссе выходит красавец Данкрат.
Сам он мягкий, а ум его острый.
Данкрат идет по белой земле,
Пинает холодные камни печали.

Тогда говорит: «Нет здесь покоя.
Скука моя велика весьма.
Отправлюсь в заветный сад Элмарен.
Проверю свойства вещей и предметов».

Вот Данкрат в саду Элмарен.
Там стоит птица Букстехууде.
Она прекрасна, но не отражает света,
Лишь поглощает его.

Данкрату любопытно. «Если она поглощает
свет, то может поглотить и камень?»
И поднимает валун Овербугг,
И бросает его в птицу Букстехууде.

Страшным криком кричит птица.
Она бросается на Данкрата.
Испуг в ее черных перьях.
Темнота забирает у Данкрата имя
И его единственную мысль:
«Дюрк вален хунстад йо!»

Птица Букстехууде улетает.
Данкрат, потерявший имя и мысль,
Становится Дмитрием Анатольевичем Медведевым.

Дмитрий Анатольевич Медеведев в пути.
Он хочет вернуть свои мысль и имя,
Но никто не может его понять.
Никто не знает, чего он хочет.

Он спрашивает у людей: «Где есть ложкой хочу?»
И спрашивает: «Как быть в туалет?»
Но ничего не происходит,
Никуда он попасть не может.

Грядет немало событий,
Причудливо меняются пути,
Наконец — гайдаровский форум.

Дмитрий Анатольевич Медведев
Восходит на трибуну Лексвик,
Указующую все судьбы.
Он говорит: «Через некоторое время криптовалюты
                                    исчезнут».

И в зал влетает темная птица Букстехууде.
Свирепым криком кричит
Отобранную у Данкрата мысль:
«Дюрк вален хунстад йо!»

Весь свет поглощен.
На людей обращается гнев белой земли,
И падает валун Овербугг.

Здесь конец нашей песни — песни о том,
как птица Букстехууде лишила мысли Данкрата,
сына Флорвога и Ниссе.

ПРИМЕЧАНИЯ

Валун Овербугг — очень большой камень.
Белая земля — земля, покрытая снегом.
Гайдаровский форум — ежегодная международная
научно-практическая конференция России в области
экономики, проводится с 2010 года. Названа в честь
российского экономиста и реформатора Егора Гайдара.

Песнь 15-я
О том, как Владимир Ростиславович Мединский
превратил морошку в селедку, постель — в камень,
а поцелуи — в говно.

Велик и прекрасен северный край —
Нет его плоскости лучше.
Множество духов обитает в белой колыбели
                                        счастья —
На земле, в небесах и там, где вода становится льдом.

Жители здешних мест
Всегда почитают дух морошки Виммле,
Дух мирного сна Грусблад,
Дух поцелуя Драган.

Виммле делает морошку желтой,
Грусблад посылает добрые сны,
Драган зажигает каждый поцелуй
Теплом июньского солнца.

Так заведено со времени первого льда,
Первого снега, первой морошки, сна и поцелуя.
Так это действует на людей,
Пока не появляется Владимир Ростиславович
                                        Мединский.

Владимир Ростиславович Мединский говорит:
«Мультикультурализм обернулся крахом.
Необходима объединяющая культура.
Это то, что всегда было в России
Мы называем это принципом
                                взаимопроникновения».

Принцип взаимопроникновения входит
                                в белую пустыню.
Дух Виммле видит вместо морошки картофель,
Дух Грусблад видит во сне старуху Ульбе с топором,
Дух Драган видит вместо поцелуев Оппу, праматерь
                                        проблем.

Духи северной плоскости решают проклясть
Владимира Ростиславовича Мединского.
Отныне он министр культуры,
Он вынужден путать сущности.

Каждая морошка, что он пробует,
Кажется ему селедкой.
Каждая постель становится для него камнем.
Каждый поцелуй — говном.

Владимир Ростиславович Мединский опечален,
Обращается в пещеру к прорицателю Экторп.
Тот поит его отваром Бюльде,
Смотрит священные пятна Хлодвиг.

Наконец восклицает: «Юх мюбе сырваа! Ахт мюбе!
                                        Мюбе мааль!»
Владимир Ростиславович Мединский
Думает, что понял прорицателя.
С волнением ждет своего часа.

Он ждет скопления народа.
Он должен раскрыть людям северной
Плоскости все свои страхи.
Тогда чары духов падут.

Наступает праздник Ойма.
Люди танцуют вокруг столба Ыйку,
Поют песню счастья «Ааан-акбийаан»:

«Аааааааан Акбииииййаааан, ой ка
Мааай ка, Акбиииийааааан, аааааааан».

Владимир Ростиславович прекращает пение.
Обращается к народу со словами:
«Коллеги! Дело в том, что морошка — это селедка!
Кровать — холодный камень!
Что же касается поцелуев,
Это попросту говно!»

В ту же секунду все на северной плоскости счастья
Становится по его слову —
Вся морошка становится селедкой,
Все кровати становятся камнями,

Что же касается поцелуев,
Все они становятся говном.

Тут конец нашей песни —
Песни о том, как Владимир Ростиславович
Мединский превратил морошку в селедку,
Кровать — в камень, а поцелуи — в говно.

ПРИМЕЧАНИЯ

Морошка — желтая северная ягода.

Праздник Ойма — массовое культурное мероприятие
с танцами и пением.

Мультикультурализм — политика, направленная
на сохранение и развитие в отдельно взятой стране
и в мире в целом культурных различий, и обосновы-
вающая такую политику теория или идеология.

Песнь 156-я
**О том, как Игорь Иванович Сечин поглотил Драгби,
Лоддан, мудреца Хемнэс, смех и северное сияние**

Великий северный край — колыбель мира,
Все в нем счастливы — люди и духи.
Дни и годы текут спокойно,
На полях резвится цапля Гриссет.

Жители белой пустыни знают:
Ум нужен тем, кто далеко заходит,
А дома все знакомо: каждый год расцветает морошка,
Каждый год синий кит Оумберлиг
Показывает из пучины свой хребет.

Так живет великая пустыня,
Пока не рвется цепь извечных событий:

Не поет цапля Гриссет, морошка вянет до срока,
Синий кит Оумберлиг опаздывает на шесть лет.

Жители белой пустыни обсуждают знаки.
Ждут хорошего. Берут своих жен,
Детей, запасы мяса и жира,
Все собираются возле сияющей Юхты.

Юхта — сверкающий шар, вроде Кнуббиг,
Дарит сердечное веселье, рождает надежду.
Люди думают: родится цветок Зикве или звезда
                                          Корвут,
Пятьдесят семь лет ждут возле Юхты.

На исходе пятьдесят седьмого года
По пустыне разносится дикий грохот.
Люди падают ниц, Юхта морщится и чернеет,
Из нее выходит Игорь Иванович Сечин.

Сразу поглощает запасы мяса и жира,
Всех жителей севера, их жен вместе с детьми.
Поглощает сморщенные остатки Юхты,
Глотает камни, торосы и ледяные волны.

После Игоря Ивановича Сечина
В колыбели мира ничего не остается:
Поглощает он цаплю Гриссет, морошку Виммле,
Поглощает даже синего кита Оумберлиг.

Великие духи решают уничтожить
                          Игоря Ивановича Сечина,
Отправляют к нему молотобойца Драгби
С молотом Крусон, что высекает звезды
Из драгоценного небесного свода.

Игорь Иванович Сечин поглощает Драгби —
Не успевает тот и замахнуться.
Переломлен пополам молот Крусон,
Все духи в ужасе разбегаются.

Тогда выходит восьмилетняя Лоддан.
Говорит: «Никто за любовь осуждать другого
не должен».
Она целует Игоря Ивановича Сечина в щеку,
Дарит ему символ чистой любви — мягкого Бимбо.

Игорь Иванович Сечин поглощает Лоддан и Бимбо,
Ночь окутывает северную плоскость.
Люди бегут к прорицателю Хемнэс.
Великий мудрец — их последняя надежда.

Десять тысяч лет он живет в пещере Экторп,
Сосет лед, смеется, как северное сияние.

Выслушав людей, Хемнэс отвечает:
«Битва и любовь порождают тревогу,
Одна лишь дружба сокрушает преграды».
«Будем дружить», — говорит мудрый Хемнэс,

Выходит из пещеры, посасывает лед.
Смеется, переливаясь зеленым и синим.
Навстречу — Игорь Иванович Сечин.
В тот же миг исчезает мудрый Хемнэс —
Вместе со смехом, сияньем и льдом.

Здесь мы заканчиваем песнь
О том, как Игорь Иванович Сечин
Поглотил Драгби, Лоддан,
Мудреца Хемнэс, смех
И северное сияние.

ПРИМЕЧАНИЯ

Колыбель мира — тихое, спокойное место.
Цапля — длинноногая, длинношеяя серая птица семейства аистообразных.
Символ чистой любви — детская игрушка.

Песнь 14-я
Как Мария Владимировна Захарова превратила
Великий Север в торгово-развлекательный центр

Прекрасен великий северный край.
Здесь — колыбель радостей и чудес.
Растут мхи, текут ручьи, наблюдаются полярные
сияния.
Благоухает сад подлинных сущностей Элмарен.

Со времен праматери Оппы
Верят люди Великого Севера
В свои Пещеры Неизбежности
Обращаются к ним с сомнением, гневом и печалью

Ищут покой уму и надежду сердцу.
К Пещере Муурве приводят люди своих детей
Строга и опытна старая Муурве
Отругает хулигана, пожалеет умного,
Каждому даст тайное слово судьбы

Пещерой Аркель пугают стариков —
Сварливых отцов, злых матерей
Пещера лишает их речи,
Но улучшает зрение и слух

Множество благородных женщин
Посещают во мраке души пещеру Фалькхойден,
Плачут, жалуются на мужей: наелся желтого снега,
сын нерпы,
Не несет в дом ни оленьего мяса, ни тюленьего жира!

Пещера Фалькхойден отвечает женщине песней:
«Аоййй оудурмаа болмааай».
Женщины спешат домой, поют эту песню мужьям —
И те едят только белый снег, возвращаются с мясом
и жиром.

Есть на Севере и сияющая пещера Лилоссен,
Приходят к ней узнать об устройстве мира,

О четырех великих Моржах, что держат Север
на своих клыках,
Узнать о том, что творится за пределами зримого.

Лилоссен знает главное: правда ли, что бывают деньги?
Верно ли, что за краем тьмы люди не носят шапок?
Действительно ли знания умножают печали
или наоборот?

Считается, что Лилоссен священна
И самые невинные люди Севера
После смерти уходят через нее на Великий Юг.

Так происходит всегда,
Пока не появляется Мария Владимировна Захарова.

Мария Владимировна говорит:
«Пещеры — это всего лишь пустоты.
В них ничего нет, кроме вони и эха.
Безответственно верить в то, чего не существует».

Мария Владимировна Захарова
Входит в священную пещеру Лилоссен и начинает
в ней жить:
Покупает в ИКЕА кушетку «Бримнэс»,
Торшер «Нут» и стеллаж «Фьелльбо».

Сидит, красит ногти, распрямляет волосы плойкой
«Бюске»,
Вместо пещеры отвечает людям на вопросы:

«Великий Север держат великие люди,
а не мифические Моржи»,
«Без шапок ходят только дебилы»,
«Кроме севера юга нет — это что вообще за вопрос?»,
«Не надо устраивать цирка».

Мир Севера начинает меняться,
В небе рождаются созвездия без имен,
Поутру люди выходят за рыбой, а на улице ночь.

78

Вместо лодок Ульпе на берегу открывается
ресторан «Ульпе».

Однажды мужья Севера уходят за оленьим мясом —
А возвращаются с лаком для волос.
Идут добывать жир, а приносят
Абонементы на фитнес.

И вот уже в священных пещерах открываются
бутики,
Нарекаются именами древних духов Севера.

Бутик постельного белья «Грусблад» — во имя духа
сновидений,
Бутик свежевыжатых соков «Виммле» —
во имя духа морошки,
Супермаркет «Боссе» — во имя духа горячей пищи,
Товары для взрослых «Драган» —
в честь духа баловства.

Люди священной земли больше не знают,
куда им пойти.
Неизбежность стала реальностью,
Вечность — выходными днями.
Куда ни кинешь взгляд — повсюду
торгово-развлекательный центр «Великий Север».

Здесь мы заканчиваем песнь о том,
Как Мария Владимировна Захарова
Превратила Север в торгово-развлекательный центр.

ПРИМЕЧАНИЯ
Мрак души — безнадежность, отчаяние.
Сын нерпы — ругательство.
Бутик — небольшой узкоспециализированный мага-
зин с ограниченным кругом клиентов.

Песнь 223-я
Как Дмитрий Олегович Рогозин прервал смех
Четырех Моржей

На Четырех Моржах стоит великий Север,
Четыре великие сущности держат его.
Держат и смеются над ним.
Только поэтому существует великий Север.

От смеха Четырех Моржей восходит на Севере солнце
Наступает время труда и перспектив.
Улыбка Моржей вызывает Луну.
Наступает пора урожая и любви.

Под Луной дух целомудрия Фюббла
Становится сиянием Норден,
Люди великого Севера занимаются великой
                                                        любовью,
И приходит ночь — время священного гуся Торсби.

Торсби приносит на Север тихих младенцев,
Новых счастливых людей.
Аккуратно кладет свой дар возле хижин.
Так продолжается тысячи лет.

Наконец Торсби приносит говорящего мальчика:
Ребенок с глазами нерпы, волосами из мха.

«Будешь зваться Эки» —
                            говорит священный гусь Торсби.
«Нет, — отвечает говорящий мальчик. —
Я — Дмитрий Олегович Рогозин».

Дмитрий Олегович Рогозин
Хватает священного гуся Торсби за клюв,
Дует ему в отверстие Стурнэс, как в свистульку.
Здесь в первый раз перестают улыбаться Моржи.

В ярости Торсби ударяет
Крылом по голове младенца,

Произносит заклинание «Оойва».
Дмитрий Олегович Рогозин начинает расти.

Младенец увеличивается не по дням, а по часам,
Но не постигает суть предметов.
Реагирует на обращенную речь,
Но в ответ произносит странные звуки.

Родители просят великана:
                    «Дмитрий Олегович, скажите «ойсу»!»
Дмитрий Олегович отвечает: «Хволгл».
Понять его невозможно.

Занятия Дмитрия Олеговича непостижимы.
Грызет стул, лепит пистолет из хлеба,
Целится в Луну и мучает неясыть,
Заставляет плавать птиц.

Родители везут младенца к мировому океану,
Чтобы показать ему счастливое будущее —
                            бесконечную ширь горизонта,
Но Дмитрий Олегович Рогозин
Хватает ложку Викке, пытается съесть море.

Дмитрий Олегович Рогозин увеличивается,
Лежит посреди тундры и орет:
«Фурве! Хволгл! Ойст! Мяйке!»
Страшно выходить из дома.

Отвлечь Дмитрия Олеговича могут только игрушки
Чтобы гигант не перевернул великий Север
И не закрывал собой небо

Люди отдают ему на забаву
Северных духов — Фуллер, Хорвик и Мюйле,
Приносят запасы мяса, жира и котлет.
В конце концов на Севере остаются только традиции
И Четыре великих Моржа.

Это уже не смешно.
Сперва умолкает Первый Морж,

Затем Второй, вслед за ним и Третий,
Наконец перестает смеяться и Четвертый.

Здесь мы кончаем нашу песнь о том,
Как Дмитрий Олегович Рогозин
Прервал смех Четырех Моржей.

ПРИМЕЧАНИЯ

Отверстие Стурнэс — клоака у птиц.

Ложка Викке — имеется в виду десертная ложечка.

Традиции — универсальная форма фиксации, закрепления и избирательного сохранения элементов социокультурного опыта, а также универсальный механизм его передачи, обеспечивающий устойчивую историко-генетическую преемственность в социокультурных процессах.

22 августа

…Еще, конечно, в нашем вынужденном заточении во имя свободы и справедливости очень не хватает детей. Не в смысле воздействия на них и попыток оспорить их понимание мира, а просто чтобы поговорить и рассказать что-то доброе и волшебное, наподобие сказок на ночь. На всякий случай оставляем запись таких сказок для тех, у кого в будущем все-таки останутся дети.

АНТОН И СПЕЦИАЛИСТ
Сказочные приключения одного мальчика в одной волшебной стране

Сегодня ты узнаешь, что происходит в одной волшебной стране. Днем все живут здесь своей обычной жизнью, а ночью ложатся спать. Но именно ночью начинается главное волшебство. В темноте раздаются звуки необычного происхождения, вспыхивают огоньки различного назначения, а в воздухе разносятся запахи неизвестной этиологии. Но увы — жители волшебной страны спят и не видят этой таинственной красоты.

Не спит только Антон. Он никогда не спит, а почему — не знает даже он сам. Каждую ночь Антон видит чудеса волшебной страны. Он всматривается в темноту, слушает звуки, вдыхает запахи. Антон хочет показать волшебство остальным, но — подумать только! — все спят и ничего не видят. Антону одиноко.

Понедельник

В ночь с понедельника на вторник Антон заходит в свою спальню, как вдруг видит в углу человека, одетого во все серое. Незнакомец почти не виден на фоне серого угла, но исполнен ярких, холодных, как лед, очей, которые не сводит с Антона.

— Ничего себе! — говорит пораженный Антон. — Я думал, у нас в стране все спят.

— Так и есть, — отвечает незнакомец. — Здесь все спят. Кроме нас двоих, Антон.

— Вы меня знаете? А я вас никогда раньше тут не видел, — удивляется Антон.

— Я всегда тут, — отвечает человек. — Просто раньше ты не обращал на меня внимания.

— А кто вы?

— Я — Специалист.

— И какая ваша специальность?

— Моя специальность волшебная, — отвечает Специалист. — Мы же живем в волшебной стране. Я вижу то, что невозможно увидеть, могу показать и рассказать об этом.

Антон поражен. Ну и ну!

— Покажите! Расскажите! — просит Антон.

— Хорошо, — отвечает Специалист. — Приходи завтра ночью.

— Куда?

— Да вот сюда, в этот самый угол.

Вторник

Следующей ночью Антон снова приходит в спальню. Специалист уже стоит в своем углу.

— Начнем с холодильника, — твердо говорит он Антону и ведет его на кухню. — Надо проверить, как там идут дела.

В кухне темно, тикают часы.

— Ты только послушай их, — говорит Специалист, открывая дверцу холодильника.

Сперва Антон видит только продукты, но скоро начинает слышать тихие голоса, шепоты и всхлипы.

— Нас обвиняют в распущенности, оргиях и потере половой идентичности, но мы здесь, между прочим, лежим не вперемешку. Здесь есть установленный порядок, каждый занимает свою полку, и это дает нам возможность сохранять свою уникальную свежесть вне зависимости от сроков хранения, — говорит брюссельская капуста.

— Но в морозилке происходит увеличение постороннего присутствия! — возмущается курица. — Это грозит безопасности нашего альянса!

— Проблема не в морозилке, а в нашей открытости. Холодильник должен быть заперт изнутри! Нельзя пускать сюда внешнего агрессора, который пользуется приемами произвола и шантажа. Нас выхватывают отсюда по одному, и, если это продолжится, мы потеряем и себя, и холодильник, — настаивает овсянка.

Ливерная колбаса грустит и жалуется на тесноту. Апельсины хохочут. Пармезан пахнет. Устрицы пищат. Гуляш притворяется супом. Соевый соус грозит взорваться. Огурец жмется к лимону. С нижней полки доносится грустное пение. Это поют шпроты из банки:

— Čuči, guli, līgaviņa,
Uz manām rociņām;
Kad tu vienu nogulēsi,
Tad es tevim otru došu...

— Помолчите все! — взрывается попкорн. — Меня не интересует, какая у вас культура. Мы должны помнить главное: мы — основа продовольственной безопасности мира. Без нас все погрузится в голод, безумие и смуту. Всякий, кто попытается открыть дверь холодильника и пошатнуть наше единство, жестоко просчитается. Мы лишим его полноценной жизни!..

— Ой! Давайте скорее закроем холодильник! — вскрикивает Антон.

— Антон, не надо жевать сопли! — смеется Специалист. — Включи мозг, помни о выключателе!

— О каком выключателе?

— Которым выключается холодильник. Одно движение — и они протухнут. А мы, как мученики, попадем в рай.

Среда

— Сегодня я покажу тебе кое-что интересное, — говорит Специалист Антону следующей ночью.

Теперь он ведет мальчика в кладовку. Приподнимает шторку, за которой обычно стоит ведро со строительным мусором. Но в этот раз — невозможно поверить! — Антон видит в углу маленький-премаленький столик с крошечными оплывающими свечами и тюльпанообразными бокалами с дорогим коньяком. Вокруг стола на маленьких-премаленьких стульчиках сидят мыши. Все они в сюртуках и шляпах. Некоторые носят смешные остроконечные колпаки с прорезями для глаз. Мордочки этих мышей не разглядеть.

— Мое состояние упало на семьсот миллиардов, — сердится мышь в цилиндре, сделав приличный глоток коньяка и закурив небольшую сигару. — Все эти новомодные фокусы вроде сортировки мусора, гомосексуализма, твиттера, блокчейна и зеленой экономики... Целые народы реально перестают работать. Продукты их жизнедеятельности становятся просто ничтожны.

— Я уж не говорю про продолжительность жизни, — добавляет соседняя мышь. — Так они действительно поверят в свое всесилие. Я скучаю по бедствиям и нищете.

— Мы можем перегрызть какой-нибудь трубопровод. По крайней мере, это даст нам энергетический кризис. Холод, темнота — нам это будет кстати, — предлагает упитанная мышь с седыми усами.

— Я за проверенные методы, господа, — прерывает мышь со сверкающим бриллиантом на серой грудке. — Давайте разносить чуму. Мы можем договориться с крысами. Мировая эпидемия — что может быть прекраснее?

— Помои! Антисанитария! Запустение! Старый добрый уклад с его вечными, традиционными ценностями! Лучина, печь, и на ней котик! Тектонические сдвиги! Мир навсегда должен стать прежним! — пищат мыши наперебой.

— Что они делают? — шепчет Антон.

— Мировая закулиса, — улыбается Специалист. — Решают судьбы мира.

— Мне хочется ударить их палкой, — волнуется Антон.

— Я бы не стал, — останавливает Специалист. — Помни: мышь, загнанная в угол, защищается как лев.

Он аккуратно прикрывает шторку.

Четверг

— Не хочешь навестить свои игрушки? — спрашивает Антона Специалист. — Ты давно к ним не приходил.

— Я уже не маленький, — пожимает плечами мальчик.

— Иди за мной, — усмехается Специалист.

Оба идут в кабинет, где в большой пластиковой коробке пылятся давно забытые игрушки: солдатики, машинки, парашютист, куклы Рома, Лена и Вадим, а также Барби без головы. Оказывается, они все тоже умеют разговаривать, правда, совсем уж тихо.

— Страшные дни, — задумчиво говорит кукла Лена. — Вокруг предательство, ложь, скудоумие. Не помогает даже благотворительность. Меня спрашивают: почему я не протестую, не выхожу из коробки? Но у меня собственное мнение. Я не апроприирую чужую оптику. Мне просто очень стыдно. До слез. Я плачу каждый день.

— Слезами делу не поможешь, — отвечает кукла Рома. — Лично я собираюсь релоцироваться.

— Интересно, куда?

— Ну, хотя бы в соседнюю комнату. Там поглядим, как пойдет. А вы продолжайте сидеть тут и стыдиться.

— Изгои! — кричат солдатики. — Гойда!

— Я ведь сказала: у меня свое мнение на этот счет, — нервничает Лена. — Не надо, пожалуйста, передергивать.

— Никто не передергивает, — вступает кукла Вадим. — Мы тоже имеем право на свою точку зрения. И она такая: чем сидеть и рыдать, лучше что-то делать.

— Спасибо вам за ваше мнение, — тихо говорит Лена. — Мы не слышим друг друга. Наша общая проблема — разобщенность.

— Просто чувствительность обострилась до предела, — замечает парашютист. — Зато полюбуйтесь на нашу прекрасную Барби! Голова давно уехала и пропала, а сама она тут!

— Это гнусно, — шипит Барби без головы. — Твари! Я никуда не уезжала и уезжать не собираюсь!

— Хватит собачиться! — говорит кукла Рома. — Давайте лучше споем.

И куклы затягивают старую песню:

Если есть чего терять —
Надо потерять!
Если есть чего поднять —
Можно и поднять!
Ну, а если, скажем, вдруг
Нету ничего,
Надо подождать, мой друг,
Только и всего!

— Мне жалко их, — говорит Антон. — Зачем я их тут бросил, оставил без дела?

— Ну что ты, — говорит ему Специалист. — Не жалей. Какое дело? Это всего лишь игрушки.

Пятница

— А это у нас что? — спрашивает Специалист.

— Это мой книжный шкаф, — отвечает Антон. — Тут самые любимые книги.

И надо же — именно в этот миг стеклянные двери шкафа вдруг раскрываются, и с полок начинают падать на пол книги! Да-да, книги ударяются об пол, а из них выходят писатели! Они отряхиваются, встают на ноги, берут свои бессмертные произведения и, подняв их над головой, маршируют по квартире. Скоро их собирается чуть ли не целый полк.

— Кого ж любить, кому же верить? — выкрикивает Александр Сергеевич Пушкин.

— Жизнь задыхается без цели! — пугает Федор Михайлович Достоевский.

— Человек — это звучит гордо! — не соглашается Алексей Максимович Горький.

— То, что справедливо и несправедливо — не дано судить людям. Люди вечно заблуждались и будут заблуждаться, и ни в чем больше, как в том, что они считают справедливым и несправедливым, — морализирует Лев Николаевич Толстой.

— Есть у русского человека враг, непримиримый, опасный враг, не будь которого, он был бы исполином. Враг этот — лень, — кручинится Николай Васильевич Гоголь.

— Все равно никакого Кремля не увижу, а попаду на Курский вокзал... — ухмыляется Венедикт Васильевич Ерофеев.

— Прин-тин-прам, — бормочет Даниил Иванович Хармс и вынимает изо рта красный шарик.

Писатели вместе с книгами скрываются в темноте квартиры. Антон восхищенно смотрит вслед.

— Я хочу с ними! — говорит он Специалисту. — Можно, я тоже туда?

— Куда? — удивляется Специалист.

— В бессмертие.

— Какое же там бессмертие? Они просто ходят кругами, сейчас вернутся обратно в свой шкаф.

Действительно, через пару минут писатели молча возвращаются и по очереди запрыгивают на свои полки. Двери шкафа закрываются.

— Не жалею, не зову, не плачу! — кричит напоследок из шкафа кто-то пьяный.

Суббота

— Грустишь? — спрашивает Специалист, выходя из серого угла.

— Да вот думаю, — говорит Антон. — У всех есть дело по ночам. Книги разговаривают, куклы ссорятся, шпроты поют... А у меня-то какое дело? Я-то кто такой?

— Так ты посмотри на себя в зеркало, — советует Специалист.

— Уже пробовал, — вздыхает Антон.

— Посмотри получше.

Антон пристально смотрится в большое зеркало, стоящее в спальне. И ты не поверишь, но по стеклу проходит рябь, а Антон видит у себя под ногами две странные белые дорожки, ведущие как бы в глубину зеркала.

— Вперед, — подталкивает его Специалист.

Антон делает шаг, и вдруг две белые дорожки подхватывают Антона и уносят прямо в зеркало. Вот это да!

Вокруг расстилаются мармеладные поля для гольфа, на холмах возвышаются пряничные виллы, мимо проносятся шоколадные лимузины. Искрятся водопады шампанского, из черных туч на землю падает красная икра. В вафельных шезлонгах лежат девушки из сливочного мороженого. В марципановых палатах сидят депутаты из зефира. Все это благоухает, сверкает и манит Антона к себе.

Наконец белые дорожки выносят его на берег. Это невозможно вообразить, но перед Антоном целых два моря. Красное (Château Lafite-Rothschild) и Белое (Château Cheval Blanc). Дует ласковый устричный ветерок, а на волнах покачивается гигантская серебристая яхта «Харизма». Антон делает шаг к яхте и... ударяется лбом о стекло. Уфф! На лбу вскакивает здоровая шишка.

— На пути к себе нельзя найти себя, — улыбается Специалист. — Только продукты для здорового питания, восточные сувениры и развивающую литературу.

— А что же мне делать?

— Найти другого себя.

— Но где? Где?!

— Завтра я покажу тебе. У нас осталась последняя ночь.

Воскресенье

— Сегодня я покажу тебе другого Антона, — говорит Специалист. — Того, что видят люди волшебной страны, когда они не спят.

Внезапно в гостиной включается телевизор. Антон смотрит в него. На экране — сумасшедший человек. Он одет в пижаму с нарисованными танками, кровожадно скалит зубы, топает ногами и кричит так, что лопаются барабанные перепонки. Вокруг человека кровь, пожар, наводнения. Он пожирает ливерную колбасу, отрывает куклам головы, топчет мышей и сжигает книги.

— Суки! Твари! Ублюдки! Недоноски! Извращенцы! Предатели! Говнюки! — кричит на Антона страшный человек из телевизора.

— Кто это? — содрогается Антон.

— Ты, — отвечает Специалист.

— Нет! Этого не может быть! Выключите! Выключите это, пожалуйста!

Но Специалист только разводит руками. Антон пытается нажать на красную кнопку телевизора, но она не работает. Телевизор не выключается.

— Не получится, Антон, — грустно говорит Специалист. — Нажать эту кнопку может лишь тот, кто обладает настоящей волшебной силой. Силой волшебной правды.

— Но как получить эту силу? Как узнать волшебную правду?

— Она передается только половым путем, — говорит Специалист и улыбается. Нельзя понять, шутит он или угрожает.

Наконец Антон остается один. Специалиста больше нет. Теперь он сам Специалист. Ему ничего не страшно. Он знает правду. Если нажать на кнопку, в мире не станет никакого волшебства. Жители волшебной страны будут еще спать, когда Антон поднесет к красной кнопке свой палец.

...Вот это находка! Собирались справить тут новый год, хотя ориентируемся в календаре только по собственным записям и датам. Как бы то ни было, как раз накануне наткнулись на древний сценарий постановки Кремлевской елки. Неизвестно, была ли осуществлена эта постановка, но мы, вознаградив себя двойной порцией спирта и сгущенного молока, даже разыграли ее по ролям: это помогло нам устроить себе что-то похожее на праздник.

ГОД СУРКА
Сценарий новогодней елки в Кремле.
Сказка с элементами энтропии и QR-кодами

Действующие лица в порядке появления:
Валерий Федорович Рашкин, депутат Государственной думы от фракции КПРФ

1-й и 2-й полицейские

Юлия Пересильд, первый в мире космонавт-актриса

Лжедмитрий Песков, голосовой помощник

Руководители Лживого Мира

Солдаты НАТО

Мария Захарова, официальный представитель министерства иностранных дел РФ

Ученый Сурок

Дед Мороз

Темный зал Государственного Кремлевского дворца. Праздничная новогодняя сцена пуста — нет ни декораций, ни елки. В зале в полном молчании сидят дети. Из-за кулис дует холодный ветер. Идет снег. Дети терпеливо ждут начала чудесного представления. Проходит около часа.

Наконец, раздается отдаленный звон бубенцов. Звон становится все громче, и на сцену, освещенный лучом прожектора, выбегает Олень.

Олень (*радостно*): Дорогие ребята! Наконец-то я...

Из-за кулис раздается выстрел. Олень падает. На сцену выходит депутат Государственной думы от фракции КПРФ Валерий Федорович Рашкин в костюме охотника. Он откладывает ружье, вынимает из-за пояса нож и топор и начинает разделывать тушу Оленя: отрубает ему голову и снимает шкуру. Из противоположной кулисы выходят двое полицейских, оба в черных масках.

1-й полицейский: Добрый вечер, уважаемый.

Рашкин (*рассуждая вслух*): Кажется, я слышу голоса. Это странно, ведь я поехал в Лысогорский район Саратовской области к друзьям, мы посидели, отдохнули, и я отправился погулять один.

2-й полицейский: Уважаемый, это вам не Саратовская область, это наш сказочный лес.

Рашкин: А я вам не уважаемый. Я депутат Государственной думы от фракции КПРФ Валерий Федорович Рашкин. И я, между прочим, крайние два года пытаюсь предотвратить сползание нашего Отечества в деспотию.

1-й полицейский: Очень приятно, Валерий Федорович. А что это с вашим другом?

Рашкин: Каким другом?

2-й полицейский: Да вот же, Валерий Федорович, кто-то лежит в крови.

Рашкин: У нас вся страна лежит в крови и фекалиях. Потому что сплошные праздники и отдыхи, работать некогда. Что это, по-вашему?

1-й полицейский: Да, что это, Валерий Федорович?

Рашкин: Это материальная, так сказать, часть сказочного Оленя. Я как раз нашел ее здесь и собирался показать и вам, и всем честным людям как доказательство того, что материализм действеннее любых сказок, которые нам рассказывают последние двадцать лет.

2-й полицейский: Придется, Валерий Федорович, пройти нам сейчас в сказочное отделение для проведения сказочных следственных действий.

Рашкин: У меня, между прочим, депутатская неприкосновенность. Это я сразу предупреждаю правовой беспредел в своем отношении.

2-й полицейский: А материальная часть Оленя? Она с прикосновенностью? Помогите проследовать вместе с ней в машину, пожалуйста.

Рашкин со 2-м полицейским утаскивают тушу со сцены. 1-й полицейский оглядывается и подбирает оставленное ружье, разглядывает его. Целится сначала в темный зал, не замечая детей. Затем вскидывает ружье и стреляет в ночное праздничное небо. Раздается оглушительный взрыв, небо озаряется ярким светом. 1-й полицейский в ужасе убегает. С воем и грохотом на сцену падает спускаемая капсула корабля «Союз МС-18», напоминающая огромный раскаленный елочный шар. Из капсулы, пошатываясь, с трудом выбирается первая в мире актриса-космонавт Юлия Пересильд.

Юлия Пересильд: Господи! Да неужели! Это что? Ведь Земля? Господи, Константин Львович! Почему так темно и холодно?

В зале тишина.

Юлия Пересильд: Это вообще Россия? Где я?! Кто мне может сказать, где я?! Я Юлия Пересильд, прием. Юлия Пересильд вызывает Землю. Вызов! Вызов!

Из кулисы выходит Лжедмитрий Песков. Он выглядит точь-в-точь как настоящий Дмитрий Песков, пресс-

секретарь президента Российской Федерации, однако, в отличие от него, ясно и конкретно отвечает на все заданные ему вопросы.

Юлия Пересильд: Человек! Это Земля! Здравствуйте! Кто вы? Вы человек?

Лжедмитрий Песков: Я — голосовой помощник президента Российской Федерации Дмитрий Сергеевич Песков. Вот что я умею. Могу рассказать о себе и выслушать вас. Могу развлечь вас в любое время суток. Подскажу прогноз погоды. Запущу музыку под ваше настроение. Включу нужный фильм или сериал. Помогу найти поблизости аптеку. Если устанете, просто скажите: «Дмитрий Сергеевич, хватит».

Юлия Пересильд: Дмитрий Сергеевич, почему так темно и холодно? Это Россия?

Лжедмитрий Песков: Сейчас минус четыре градуса, ощущается как минус шесть. Ветер северо-западный, два-три метра в секунду. Атмосферное давление...

Юлия Пересильд: Дмитрий Сергеевич! Я только что вернулась из космоса, у меня с собой крайне важные сведения, это государственная тайна!

Лжедмитрий Песков: Вот что я нашел в интернете по запросу «сведения, составляющие государственную тайну». Государственную тайну составляют сведения в военной области: о содержании стратегических и оперативных планов, документов боевого управления по подготовке и проведению операций, стратегическому, оперативному и мобилизационному развертыванию...

Юлия Пересильд: Ради бога, хватит! Я привезла из космоса крайне чувствительные материалы, понимаете? Они касаются всей нашей страны, всех нас! Я обязана передать их лично президенту! Как мне попасть к нему?

Лжедмитрий Песков: Прокладываю маршрут. Время в пути составит 23 дня, включая двухнедельный карантин. Дороги слабо загружены. Поехали?

Юлия Пересильд (обреченно): Поехали...

Уходит за кулисы вместе с Лжедмитрием.

Среди детей нарастает волнение. Самые смелые поднимаются из зала на сцену, подходят к спускаемому аппарату, который таинственно светится изнутри. Дети трогают его, забираются внутрь, нажимают кнопки и дергают рычаги. Внезапно аппарат вспыхивает и начинает транслировать видео.

Это страшные кадры пыток в космосе. Американские космонавты пытают российских, российские — американских. Пытки совершаются в невесомости, космонавты беззвучно кричат от боли. На экране отображается тайминг записи — видно, что пытки будут длиться еще 203 часа 45 минут 16 секунд. Дети плачут, в ужасе убегают со сцены обратно в зал.

На крики детей из кулис выбегают пять человек. Это Руководители Лживого Мира. Они размахивают руками и светят фонариками в зал — теперь видно, что там около пятисот кое-как одетых детей, не то сирот, не то беженцев. Руководители Лживого Мира явно встревожены, но чем именно, понять невозможно — они говорят по-эстонски.

Руководители Лживого Мира: Ärge kartke, lapsed! Me päästame teid! Uus aasta lähedal! Kohupiim! Suhkur!

Жестами Руководители Лживого Мира объясняют детям со сцены, что спасут их, а потом подарят вкусные подарки: марципаны, суитсукала (копченую форель) и пиппаркоок (печенье со специями).

Дети, кажется, понимают эти жесты и пытаются выбежать на сцену. Однако в это время в зале появляются солдаты НАТО. Они начинают разворачивать вдоль сцены колючую проволоку и устанавливают КПП. Дети пытаются пройти через него, однако солдаты не пропускают: нужен QR-код. Дети начинают плакать и кричать на незнакомом языке, который не понимают ни Руководители Лживого Мира, ни солдаты НАТО. Напряжение праздника еще более нарастает.

Внезапно крики детей и солдат перекрывает оглушительная музыка — это звучит песня Ирины Аллегровой «Гуляй, шальная императрица!». Под нее в зал влетает официальный представитель МИД РФ Мария Захарова, одетая по-концертному — в длинном сверкающем платье и в меховой накидке с широчайшими рукавами. Мария Захарова изъясняется на языке, понятном всему миру, — это язык ресторанного танца.

Мария Захарова вовлекает детей в веселый хоровод прямо возле КПП. При помощи танцевальных па она вступает с ними в диалог и выясняет, что это — беженцы, курдские дети, родители которых заплатили за билеты на праздник по 4000 евро, поскольку были обещаны подарки и чудеса. Хоровод распадается. Теперь танец Марии Захаровой обращен непосредственно к Руководителям Лживого Мира и солдатам НАТО. Этот танец выражает протест против сложившейся международной обстановки, однополярного мира и политики двойных стандартов.

Мария Захарова (языком танца): Что мы видим со стороны того самого цивилизованного мира, который бесконечно всех поучает, рассказывает, как жить? Мы видим разговоры о гибридной угрозе, заявления о стягивании каких-то вооруженных сил, обматывание себя колючей проволокой и переваливание ответственности на кого угодно! Вы меня простите, но западному сообществу перед гражданами Ирака каяться еще не одно десятилетие! Каяться, просить прощения, признавая свою прямую вину, а не только ошибку. Оплачивать то, что они там сотворили! Но наш ответ будет твердым и асимметричным! Разговаривать с Россией языком ультиматумов мы не позволим!

97

Мария Захарова взмахивает меховыми рукавами — оттуда веером сыплются сотни QR-кодов, которые дети расхватывают с радостью и благодарностью. Сама Захарова превращается в снежный вихрь, обдает ледяным ветром Лживый Мир и НАТО, после чего уносится за кулисы.

Дети, расталкивая друг друга, устремляются к КПП, протягивают руки с QR-кодами к солдатам НАТО. Солдаты НАТО пытаются считать код, но тут над сценой вспыхивают огромные огненные буквы, как бы составленные из бенгальских огней: «ДАННОЕ СООБЩЕНИЕ (МАТЕРИАЛ) СОЗДАНО И (ИЛИ) РАСПРОСТРАНЕНО ИНОСТРАННЫМ СРЕДСТВОМ МАССОВОЙ ИНФОРМАЦИИ, ВЫПОЛНЯЮЩИМ ФУНКЦИИ ИНОСТРАННОГО АГЕНТА, И (ИЛИ) РОССИЙСКИМ ЮРИДИЧЕСКИМ ЛИЦОМ, ВЫПОЛНЯЮЩИМ ФУНКЦИИ ИНОСТРАННОГО АГЕНТА».

Вслед за этим раздается оглушительный взрыв, огненная надпись распадается, буквы стремительно летят вниз, превращая солдат НАТО и Руководителей Лживого Мира в пепел. Целой остается только колючая проволока. Задник сцены рушится, и в зияющем проломе загорается вид вечернего Таллина. Вдалеке звучит легкая музыка, доносится запах сдобных булочек и горячего какао.

Дети начинают рыть подкоп под колючей проволокой. Из подкопа внезапно выскакивает Ученый Сурок. Дети от неожиданности отскакивают обратно в зал.

Ученый Сурок: Дорогие ребята! Что же вы такие пугливые! Это же просто система мироустройства. Вам надо знать о ней только то, что, как и всякая другая система, она изначально включает в себя элементы самоотрицания и саморазрушения, это банальная физика. Так или примерно так говорили еще Гегель и Гёдель. Конечно, внутри этой системы у нас были двадцать лет стабильности, которых так не хватило Столыпину. Эти годы точно когда-нибудь станут вспоминать как золотой век. Но вы сами видите —

беда в том, что энтропия все же неизбежно нарастает. Она имеет свойство нарастать именно в замкнутых, закрытых системах. И вроде бы есть простое решение этой проблемы — открыть систему, «выпустить пар», и хаос отступит. Но эта простота обманчива. Либеральные эксперименты на внутриполитическом поле ставить крайне рискованно, ребята. Социальная энтропия молчаливого большинства очень токсична. Работать с ней в наших домашних условиях не рекомендуется. Ее всегда нужно выносить куда-нибудь подальше. Экспортировать для утилизации на чужой территории. Выбросы социальной энтропии политическими системами больших государств так же естественны, как выбросы их экономиками двуокиси углерода, которые, в принципе, можно контролировать. Но как далеко должны зайти климатические изменения, чтобы нации договорились по-настоящему? Как быть с парниковыми политическими газами? Кто мне ответит, ребята?

В зале тишина. Сурок, не дожидаясь ответа, ныряет обратно в свою норку. Вечерний Таллин в глубине сцены гаснет, как мираж. Дети бросаются за Ученым Сурком, руками роют отверстие под колючей проволокой и постепенно, один за одним уходят вместе с энтропией в черную дыру истории. В зале Государственного Кремлевского дворца остается лишь запах какао.
Из отверстия под колючей проволокой международных отношений в пустой зал начинает бить струя воды, которая быстро застывает, превращаясь в гигантское ледяное поле. На него выезжает Дед Мороз на коньках.

Дед Мороз: Уважаемые граждане России! Дорогие друзья! Коллеги! Всего через несколько минут этот год закончится. Кажется, что он вместил в себя груз нескольких лет. Он был трудным для каждого из нас, с тревогами и большими материальными сложностями, с переживаниями, а для кого-то — с горькими

99

утратами. Но, безусловно, уходящий год был связан и с надеждами на преодоление невзгод, с гордостью за тех, кто проявил... Минуточку... А где все? Я что, тут один?

Тишина. Слышно завывание ветра. Снегопад усиливается.

Дед Мороз: А куда все подевались? Почему так темно? Ребята? Коллеги? А где елка? Ну вот, значит. Все уехали... Деда Мороза забыли...

Из противоположной кулисы на лед выходит Валерий Федорович Рашкин, лишенный депутатской неприкосновенности.

Дед Мороз: О! Мальчик! Как тебя зовут?

Рашкин: Валерий Федорович Рашкин.

Дед Мороз: Ну с Новым годом же, Валера! Скажи что-нибудь?

Рашкин: Слушайте. Я ведь уже все сказал. Я неоднократно и вербально, и эпистолярно обращался к коллегам. В конце концов, ни одному парнокопытному еще не было посвящено столько патетики. На моей памяти столько говорили только об убийстве президента Кеннеди...

Дед Мороз: Так.

Рашкин: Я признал свою вину — в моральном отношении. Я беру на себя полную моральную ответственность за убийство этого животного. И не только. Я готов возместить ущерб, нанесенный природе, — в настоящее время осуществляется закупка самки оленя с оленятами с целью их перемещения в сказочный лес.

Дед Мороз: Молодец, Валерий Федорович! Хочешь за это подарок?

Рашкин: Оставляю это на совести своих бессовестных коллег.

Дед Мороз: Тогда вот тебе волшебные вечные сухарики, теперь будешь встречать с ними каждый Новый год!

Дед Мороз вынимает из красного мешка пакет сухариков «Кремлевские». Звучит песня из кинофильма «Ирония судьбы» «Мои друзья уходят» и перезвон новогодних колокольцев. Свет окончательно гаснет. Бьют куранты. Наступает очередной, новый 2037 год.

10 июня

...Непонятно, сколько отмерено нам времени, тем более что по сути его тут и нет. Но это совершенно не имеет значения и не делает нас печальными. Напротив, мы имеем возможность проживать разные жизни, мысленно отправляться в любые места, ввязываться в дерзкие авантюры, творить мелкие пакости и великие дела. Что еще надо для счастья в России! Ничего. Сегодня мы отправляемся в очередное свое ментальное путешествие, из которого можем и не вернуться. На всякий случай оставляем после себя краткую повесть о подвиге во имя неизвестности, которая сопровождает нас от рождения до смерти, делая все события человеческой жизни понятными и весомыми, как камни, на которых все мы выросли, и которыми станем, когда закончится эта неизвестность.

КАМНИ ШАЛАУРОВА
Научно-фантастическая повесть

Уважаемый Евгений Борисович!

Надеюсь, это не последнее письмо, хотя наше путешествие с каждым днем кажется все более странным и непредсказуемым. События развиваются неблагоприятно.

Лядовкин истощен совершенно, Ивану лучше, но очень слаб. Что касается Плужникова, он иссох, почернел, зарос бородой и из палатки почти не выходит. Постараюсь описать все как можно яснее, хотя мысли путаются. С тех пор, как мы достигли главной цели, то есть нашли следы Шалаурова, наш лагерь попеременно осаждают то пурга, то непроницаемый туман. В глубоком распадке, на 2 градуса левее истока Нижней Свайки, обнаружились следы Игната — кострище и вещмешок с инициалами «И. Ш.». Именно в этом мешке, кроме носков и котелка, мы нашли кое-какие записи и коллекцию очень странных минералов. Где и как их обнаружил Шалауров — мы не знаем.

Эти природные ископаемые только с виду кажутся обычными камнями, но всех их объединяет какое-то невероятное свойство. Постарайтесь отнестись к этому как можно спокойнее, Евгений Борисович, с присущей вам научной полнотой. Восемнадцать дней, проведенные с находкой Игната, убедили нас, что обнаруженные им минералы наделены разумом! Или, по крайней мере, какой-то способностью воздействовать на сознание, транслировать конкретные мысли и даже поручения. Создается впечатление, что камни наделены некоей властью, впрочем, совершенно непонятной нам природы, но способной, тем не менее, передаться от них к человеку.

Первым это испытал на себе Плужников. Утром 12 августа он вдруг сообщил, что камни внушили ему страх и даже отвращение к человеческой речи. Якобы он отчетливо слышал, как минералы велели ему больше молчать, а выучившись словесному воздержанию, молча отправиться в распадок и начать строительство величественной стены, которая послужит началом нового всемирного царства камней и откроет собой эпоху превосходства мертвой материи над живой, холодного рассудка над горячей душевностью человечества. В противном случае минералы угрожали сделать камнем самого Плужникова.

Мы приняли этот рассказ за последствия вольного обращения с запасами походного спирта, но вскоре и сами стали замечать, что между нами завязалась определенная борьба. Лядовкин тайно уничтожил книги, бывшие с ним в пути. Иван разбил рацию. Плужникова мы поймали с камнем в руках, когда он, совершенно вдруг обезумев, хотел напасть на меня, пока я мыл в Свайке оставшуюся от ужина грязную посуду.

Обсудив эти события, мы вначале пришли к заключению, что подверглись, возможно, воздействию каких-то наркотических веществ, содержащихся либо в воде, либо в окружавшей нас растительности. Мы приняли решение сменить место стоянки, но вдруг стало ясно, что не можем этого сделать. Мы буквально стали окаменевать — отвердели и похолодели ноги, головы стали тяжелыми, словно валуны. Причем интересно, что облегчения можно было добиться, только мысленно любуясь камнями и обещая добиться для них мирового господства.

Уважаемый Евгений Борисович, если обстоятельства сложатся не в нашу пользу, прилагаю здесь краткую опись минералов, с которыми мы столкнулись. Как вы видите, она сделана рукой самого Шалаурова. Видимо, он сам и дал им названия и попытался описать их сво... В том смысле. И когда. Смашт бирк мис нашим коллегам из НИИ, родным. Всыктизх... Трушин.

ОПИСЬ КОЛЛЕКЦИИ ИГНАТА ШАЛАУРОВА
1. Лизоблюд

Бесцветно-прозрачный кристалл, способный менять цвет и свойства в зависимости от обстоятельств. Я сам мог по необходимости использовать его и как резец, и как подсластитель для чая. Причем, когда я желал сахару, минерал крошился как песок и делался слаще. А при хозяйственной нужде становился твердым, как алмаз. К сожалению, оставляет после себя противный, чуть сладковатый запах.

2. Хапатит

Твердый зеленоватый минерал, который легко можно принять за полудрагоценный камень — в природе он встречается часто, но в исключительно крупных размерах. Я не встречал образцов менее 5 кг весом. Отколоть от хапатита хотя бы небольшой кусочек чрезвычайно трудно. Да и зачем это делать?

3. Молчедон

Мягкий, податливый камень светло-шоколадного оттенка с очень красивыми прожилками — при определенном освещении они как бы вспыхивают внутри, но тут же угасают. Я проводил с молчедоном разные опыты, но больших успехов не добился: несмотря на колебания температур и воздействие молотка, камень сохраняет стабильность, оставаясь приятным на ощупь.

4. Ментарь

Черно-серая порода с железистым отблеском. Наподобие каменного угля образовывается в замкнутых, застойных водоемах. Отлично держит форму и полируется. Я собственноручно вырезал из килограммового куска дюжину разнообразных фигурок и украшений. Но после изготовления каждой из них я обнаруживал потерю какого-либо инструмента. В конце концов я прекратил исследование, а фигурки выбросил в реку. Странно, но испытал при этом облегчение, а кое-какие инструменты нашлись.

5. Патриоцит

Очень красивый, сверкающий минерал прозрачно-голубого цвета. Я выявил несколько его замечательных свойств: во-первых, патриоцит не тонет. Во-вторых, несмотря на воздействие низких температур, всегда остается теплым, что-то около 20 градусов по Реомюру. В-третьих, от минерала идет постоянное слабое, но отчетливо слышное пение — вроде как поет невидимый хор. В часы отдыха, на привале я не раз подносил камень к уху и наслаждался музыкой и аплодисментами, но, как ни странно, весь оставшийся после этого день чувствовал себя разбитым и усталым, все валилось из рук.

6. Женский шпат

Редкий красноватый минерал с бархатистостью, напоминающей мохер. Отражения в шпате получаются размытыми и искаженными, вероятно, за счет исключительной слоистости. Я попробовал пускать куском шпата солнечных зайцев и чуть не сжег палатку, стоящую у меня за спиной. Как это вышло — неизвестно. Любопытно, что женский шпат, что бы я ни делал, мало того, что вызывал эффект, противоположный ожидаемому, но еще и обострял у меня чувство вины или обиды, а также внушал мысль о неотвратимости наказания за это.

7. Чоталень

Чрезвычайно плотный и тяжелый минерал темно-серого оттенка. Похож на обычный булыжник, но весит в несколько раз больше него. Я проводил с ним много опытов, но они оказались практически безрезультатными. Правда, я установил, что чоталень рассыпается на фрагменты еще до удара молотком.

Остальные минералы, собранные мной в разное время, не заслуживают подробного описания по причине их схожего строения, геологического происхождения и отчасти даже внешнего вида. Впрочем, чтобы опись была полной, для полного отчета привожу их названия:

8. Терпин
9. Откатил
10. Похуит
11. Электорит
12. Жаднеит
13. Насраз
14. Силовит
15. Тупак
16. Попал
17. Неразберил
18. Обсурд
19. Интеллектурит
20. Наберлин
21. Чепушил
22. Яровит
23. Пиздюлин
24. Мудацит

NB. Любопытно, что все эти камни, собранные вместе, способны усиливать воздействие друг друга, но в чем именно оно состоит, я из-за депрессии, апатии и панических атак разобрать уже не могу. Очевидно, я должен теперь совершить что-нибудь важное, что-то наподобие акта спасения. Но кого именно? Если я не пойму, в чем состоит смысл спасения минералов, мне предстоит подумать хотя бы о своем собственном. Однако я боюсь, что...
И. Ш.

В издательстве Freedom Letters вышли книги:

Дмитрий Быков
VZ. ПОРТРЕТ НА ФОНЕ НАЦИИ

Дмитрий Быков
НОВЫЙ БРАУНИНГ

Дмитрий Быков
БОЛЬ-
ШИНСТВО

Сергей Давыдов
СПРИНГФИЛД

Светлана Петрийчук
ТУАРЕГИ. СЕМЬ ТЕКСТОВ ДЛЯ ТЕАТРА

Вера Павлова
ЛИНИЯ СОПРИКОСНОВЕНИЯ

Демьян Кудрявцев
ЗОНА ПОРАЖЕНИЯ

Евгений Клюев
Я ИЗ РОССИИ. ПРОСТИ

Алексей Макушинский
ДИМИТРИЙ

Сборник рассказов
МОЛЧАНИЕ О ВОЙНЕ

Ваня Чекалов
ЛЮБОВЬ

Александр Иличевский
ТЕЛА ПЛАТОНА

Людмила Штерн
БРОДСКИЙ: ОСЯ, ИОСИФ, JOSEPH

Людмила Штерн
ДОВЛАТОВ — ДОБРЫЙ МОЙ ПРИЯТЕЛЬ

Юлий Дубов
БОЛЬШАЯ ПАЙКА
Первое полное авторское издание

Юлий Дубов
МЕНЬШЕЕ ЗЛО
Послесловие Дмитрия Быкова

Сергей Давыдов
ПЯТЬ ПЬЕС О СВОБОДЕ

Ася Михеева
ГРАНИЦЫ СРЕД

Илья Бер, Даниил Федкевич, Н.Ч.,
Евгений Бунтман, Павел Солахян, С.Т.
ПРАВДА ЛИ. Послесловие Христо Грозева

Виталий Пуханов
РОДИНА ПРИКАЖЕТ ЕСТЬ ГОВНО

Детская и подростковая литература

Александр Архангельский
ПРАВИЛО МУРАВЧИКА

Сборник рассказов для детей 10–14 лет
СЛОВО НА БУКВУ «В»

Алексей Шеремет
СЕВКА, РОМКА И ВИТТОР

Шаши Мартынова
РЕБЁНКУ ВАСИЛИЮ СНИТСЯ

Shashi Martynova
BASIL THE CHILD DREAMS
Translated by Max Nemtsov

Серия «Слова України»

Сборник современной украинской поэзии
ВОЗДУШНАЯ ТРЕВОГА

Генрі Лайон Олді
ВТОРГНЕННЯ

Генри Лайон Олди
ВТОРЖЕНИЕ

Генрі Лайон Олді
ДВЕРІ В ЗИМУ

Генри Лайон Олди
ДВЕРЬ В ЗИМУ

Андрій Бульбенко
Марта Кайдановська
СИДИ Й ДИВИСЬ

Максим Бородін
В КІНЦІ ВСІ СВІТЯТЬСЯ

Олег Ладиженський
БАЛАДА СОЛДАТІВ
(Вірші воєнних часів)

Олег Ладыженский
БАЛЛАДА СОЛДАТ
(Стихи военных дней)

Ирина Евса
ДЕТИ РАХИЛИ

Александр Кабанов
СЫН СНЕГОВИКА

Анатолий Стреляный
ЧУЖАЯ СПЕРМА

Алексей Никитин
ОТ ЛИЦА ОГНЯ

Валерий Примост
ШТАБНАЯ СУКА

Артём Ляхович
ЛОГОВО ЗМИЕВО

Серия «Февраль/Лютий»

Светлана Еремеева
МЁРТВОЕ ВРЕМЯ
**** *******

У ФАШИСТОВ МАЛО КРАСКИ
Сборник эссе
НОСОРОГИ В КНИЖНОЙ ЛАВКЕ

Серия «Не убоюсь зла»

Натан Щаранский
НЕ УБОЮСЬ ЗЛА
Илья Яшин
СОПРОТИВЛЕНИЕ ПОЛЕЗНО
Выступления российских
политзаключённых и обвиняемых
НЕПОСЛЕДНИЕ СЛОВА

Серия «Отцы и дети»

Иван Тургенев
ОТЦЫ И ДЕТИ
Предисловие Александра Иличевского
Лев Толстой
ХАДЖИ-МУРАТ
Предисловие Дмитрия Быкова
Александр Грин
БЛИСТАЮЩИЙ МИР
Предисловие Артёма Ляховича

Серия «Лёгкие»

Валерий Бочков
БАБЬЕ ЛЕТО
Елена Козлова
ЦИФРЫ
Иван Филиппов
МЫШЬ
Юрий Троицкий
ШАТЦ